中部地方
佐渡
石川県
富山
富山県
長野
長野県
金沢
福井
福井県
岐阜県
岐阜
甲府
山梨県
静岡
静岡県
名古屋
愛知県
津
三重県
隠岐諸島
中国地方
松江
島根県
鳥取県
鳥取
岡山県
岡山
兵庫県
神戸
京都府
京都
滋賀県
大津
大阪府
大阪
奈良
奈良県
和歌山
和歌山県
近畿地方
広島県
広島
山口県
山口
淡路島
香川県
高松
徳島県
徳島
松山
愛媛県
高知
高知県
四国地方
対馬
長崎県
壱岐
福岡県
福岡
佐賀県
佐賀
長崎県
長崎
五島列島
大分
大分県
熊本
熊本県
宮崎県
宮崎
九州地方
鹿児島
鹿児島県
大隅諸島
屋久島
種子島

オホーツク海
択捉島
国後島
歯舞諸島
色丹島
稚内
宗谷
利尻島
留萌
上川
網走
旭川
根室
空知
石狩
北海道
釧路
岩見沢
札幌
帯広
胆振
日高
十勝
室蘭
浦河
函館
青森
青森県
東北地方
盛岡
岩手県
宮城県
仙台
福島
太平洋
水戸
関東地方
千葉
小笠原諸島
父島
母島
東京都
硫黄島
鹿児島県
大隅諸島
種子島
屋久島
薩南諸島
大島
(奄美大島)
鹿児島県
奄美諸島
喜界島
徳之島
沖永良部島
与論島
南西諸島
九州地方
沖縄諸島
沖縄島
那覇
久米島
東シナ海
大東諸島
尖閣諸島
先島諸島
沖縄県
八重山列島
宮古島
台湾
与那国島
西表島
石垣島
宮古列島

다노시이 **일본어 활용**

나성영 · 홍민표 공저

계명대학교 출판부

다노시이 일본어 활용

초판1쇄 발행 2014년 8월 31일
초판2쇄 발행 2018년 10월 29일

지 은 이 나성영 · 홍민표
펴 낸 이 신일희
펴 낸 곳 계명대학교출판부
출판등록 제347-1998-1호(1970. 9. 1.)
주 소 대구광역시 달서구 달구벌대로 1095
대표전화 053-580-6233
팩 스 053-580-6235

ISBN 978-89-7585-682-2 03730 정가 11,000원

● 이 도서의 국립중앙도서관 출판예정도서목록(CIP)은 서지정보유통지원시스템 홈페이지(http://seoji.nl.go.kr)와 국가자료공동목록시스템(http://www.nl.go.kr/kolisnet)에서 이용하실 수 있습니다.(CIP제어번호: CIP2014025290)

듣기 파일은 계명대학교 출판부 홈페이지 www.kmupress.com에서 다운로드 할 수 있습니다.

| 머리말 |

본 교재는『다노시이 일본어 입문』(계명대 출판부)을 마스터한 학습자를 대상으로 작성된 것이다. 우선 본문과 예문을 실제의 일본어 구사에 사용할 수 있는 참신한 내용으로 구성하고 문형연습도 도표를 활용하여 내용을 쉽게 이해할 수 있도록 하였다. 또한 각 과마다 일본어 유사발음을 비교 연습할 수 있는 코너를 마련하였고 새로 나오는 모든 단어에 東京語악센트 표기와 함께「あいうえお」순으로 배열하여 새 단어의 의미와 발음을 쉽게 찾아보고 익힐 수 있도록 구성하였다. 그리고 본문이나 문형연습에서 다루고 있는 다양한 예문이나 표현을 통하여 일본인의 기본적인 언어문화도 함께 이해할 수 있도록 배려하였다.

한편 본 교재는 대학의 강의용으로 작성되었기 때문에 혼자서 공부하기에는 다소 어려운 면이 있다는 점도 염두에 둘 필요가 있다. 즉 한국어 설명이 거의 없기 때문에 학습자가 강의를 집중해서 듣고 필요한 내용을 메모하며 적극적으로 수업에 참여할 것을 권장한다. 이와 같은 본 교재의 특징을 잘 이해하고 적극 활용한다면 일본어 기초를 튼튼히 다지면서 중급 수준의 일본어를 목표로 하는 학생들에게 많은 도움이 될 것으로 확신하는 바이다.

끝으로 이 책이 나오기까지 여러 분들의 도움이 있었다. 우선 일본어 문장을 원어민의 입장에서 꼼꼼히 점검해 주고 본문과 새로 나온 단어를 도쿄표준어 발음으로 녹음해 준 고미야(小宮)교수님과 다무라(田村)선생에게 감사드린다. 그리고 열과 성의를 다하여 편집과 교정에 많은 도움을 준 이영옥선생에게도 고마움을 표하는 바이다.

2014년 8월 저자 씀

목 차

제 1 과

おいしそうですね。

기본문형

1. おいしそうですね。
2. 少し遅(おく)れるそうです。
3. プルゴギを作っているんです。

和子(かずこ)	こんばんは。
スジ	いらっしゃい。 あれ、正雄(まさお)君は。
和子	正雄君は急用(きゅうよう)ができて少し遅れるそうです。
スジ	そうですか。 狭いところですが、どうぞ。
和子	おじゃまします。これ、実家(じっか)のお土産(みやげ)です。
スジ	すみません。ありがとうございます。

　　　今、プルゴギを作っているんです。

和子　まあ、嬉しい！おいしそうですね。私、プルゴギ大好きです。
　　　食べたかったんです。

スジ　よかった。日本人は辛いものが苦手だと思って、プルゴギに
　　　したんですが、和子さんは辛いもの、大丈夫ですか。

和子　私、辛いもの平気ですよ。キムチチゲもおいしかったです。

スジ　そうですか。それでは今度いっしょにキムチチゲを作って
　　　みましょうか。

和子　いいんですか。ありがとう。楽しみです。

正雄　すみません。遅くなりました。

スジ　さあ、どうぞ、どうぞ。

正雄　おじゃまします。

タクシーで来たんですが、道路(どうろ)がかなり混(こ)んでいて……。

スジ　それは大変でしたね。

さあ、ちょうど料理(りょうり)ができました。いただきましょう。

正雄　うまそう！

和子　本当においしいですね。

正雄　このプルゴギ、どうやって作るんですか。ぼくにもできるかな。

スジ　簡単(かんたん)ですよ。味付(あじつ)けは家によって違うかもしれませんが、今度作り方を教えますね。

새 단어와 발음연습

あたらしい(新しい)	새롭다	こうむいん(公務員)	공무원
あじつけ(味付け)	양념, 가미(加味)	こむ(混む)	붐비다
えきまえ(駅前)	역 앞	さいきん(最近)	요즈음, 근래
おくれる(遅れる)	늦다, 지각하다	したく(支度)	준비, 채비
おなか(お腹)	배	じっか(実家)	친정, 고향
おみやげ(お土産)	선물	じゃま(邪魔)	방해, 장애
からい(辛い)	맵다	そうしん(送信)	송신
かんたんだ(簡単だ)	간단하다	だいすきだ(大好きだ)	아주 좋아하다
きえる(消える)	사라지다	たのむ(頼む)	부탁하다, 의지하다
キムチチゲ	김치찌개	なく(泣く)	울다
きゅうよう(急用)	급한 용무	にがてだ(苦手だ)	서투르다, 싫어하다

◎ 발음을 비교해 봅시다(청음-탁음 / 유성음)

〔A〕かい(貝) － がい(害)

〔B〕あし(足) － あじ(味)

〔C〕ちい(地位) － じい(辞意)

〔D〕てんき(天気) － でんき(電気)

문형연습

1. **～んです**(이유, 변명, 상황 등을 설명)

① 용언(보통형)＋んです

- タクシーで行きましょう。時間がないんです。
- 時間がなかったので、タクシーに乗ったんです。
- 辛いものが苦手だと思ってプルゴギにしたんです。
- すみません、遅くなりました。道が混んでいたんです。

② 명사 / ナ형용사 어간+なんです

- 何も食べていないので、お腹(なか)ぺこぺこなんです。
- うちの妹に頼(たの)んでください。彼女、今暇(ひま)なんです。
- 今晩のコンパですか。今考えているところなんです。
- これにしましょう。こっちのほうがもっときれいなんです。

2. ～そうだ(~라고 한다 / 자기가 들은 정보를 전달함)

① 동사 보통형+そうだ

雨が [降る / 降らない / 降った / 降らなかった] そうだ。

- 林(はやし)さんは花子と結婚するそうです。
- 彼は昨日会社に来なかったそうです。

② イ형용사 보통형+そうだ

名古屋(なごや)は [暑い / 暑くない / 暑かった / 暑くなかった] そうだ。

- 東京(とうきょう)は寒くなかったそうです。
- このゲームはおもしろいそうです。

③ ナ형용사 보통형+そうだ

[元気だ / 元気ではない / 元気だった / 元気ではなかった] そうだ。

- 中村(なかむら)さんはキムチが好きだそうです。
- 金(キム)さんは最近(さいきん)暇では(じゃ)ないそうです。

④ 명사+だ+そうだ

日本人だ 日本人ではない 先生だった 先生ではなかった	そうだ。

○ 彼は公務員(こうむいん)だそうです。

○ 彼女はアメリカ人だそうです。

3. **~そうだ**(~인 것 같다 / 눈앞의 상황을 보고 주관적으로 판단하는 표현)

① 동사「ます형」+そうだ

降る できる	⇨	降り でき	そうだ。

○ 雨が降りそうです。

○ もうすぐ星が消(き)えそうですね。

○ 彼女は泣(な)きそうな顔をしている。

○ この料理はぼくにもできそうですね。

② イ형용사 / ナ형용사 어간 + そうだ

おいしい いい ない 元気だ	⇨	おいし よさ なさ 元気	そうだ。

○ そんなことはなさそうです。

- 金さんはうれしそうですね。
- 先生の顔は元気そうでした。
- このデザインがよさそうです。
- このりんご、おいしそうですね。

4. ～と 思います(~라고 생각합니다 / 의견 제시)

辛いものは苦手だ 彼は少し遅れる	と 思います。

- それは悪くないと思います。
- その問題はやさしいと思います。
- 彼女は韓国料理が上手だと思います。

5. できる

① (지금까지) 없던 것이 새로 생기다

- すきな人ができた。
- 新(あたら)しいたてものができた。
- 駅前(えきまえ)にスーパーができた。

② ~할 수 있다(능력/가능성)

- ロシア語ができる。
- メール送信(そうしん)ができなくなった。
- 田中君ならできると思います。

③ 완성되다

- 料理ができました。
- したくができました。
- 写真(しゃしん)は明日できます。

연습문제

1.

(예) 雪が降る。
→ 雪が降りそうです。

(1) 金さんはできる。

→ 金さんは＿＿＿＿＿＿＿＿＿＿＿＿＿＿。

(2) 朴さんはまじめだ。

→ 朴さんは＿＿＿＿＿＿＿＿＿＿＿＿＿＿。

(3) 金さんはうれしい。

→ 金さんは＿＿＿＿＿＿＿＿＿＿＿＿＿＿。

(4) 彼はお金がない。

→ 彼はお金が＿＿＿＿＿＿＿＿＿＿＿＿＿＿。

(5) もうすぐ星が消える。

→ もうすぐ星が＿＿＿＿＿＿＿＿＿＿＿＿＿＿。

(6) この色がいい。

→ この色が＿＿＿＿＿＿＿＿＿＿＿＿＿＿＿＿。

(7) 先生は元気だ。

→ 先生は＿＿＿＿＿＿＿＿＿＿＿＿＿＿＿＿。

(8) 子供が泣く。

→ 子供が＿＿＿＿＿＿＿＿＿＿＿＿＿＿＿＿。

(9) ここは静かだ。

→ ここは＿＿＿＿＿＿＿＿＿＿＿＿＿＿＿＿。

(10) 月が出て来る。

→ 月が＿＿＿＿＿＿＿＿＿＿＿＿＿＿＿＿。

2.

(예) 明日は寒いです。
→ 明日は寒くないそうです。

(1) 中村さんは来ます。

→ 中村さんは＿＿＿＿＿＿＿＿＿＿＿＿＿＿＿＿。

(2) 金さんはドイツ語ができます。

→ 金さんは＿＿＿＿＿＿＿＿＿＿＿＿＿＿＿＿。

(3) ここは静かです。

→ ここは＿＿＿＿＿＿＿＿＿＿＿＿＿＿＿＿。

(4) スジさんは日本語が上手です。

→ スジさんは日本語が________________。

(5) 彼は毎朝ジョギングをします。

→ 彼は毎朝ジョギングを________________。

(6) 彼は公務員です。

→ 彼は________________。

(7) 林さんは暇です。

→ 林さんは________________。

(8) キムチは辛いです。

→ キムチは________________。

(9) このゲームはおもしろいです。

→ このゲームは________________。

(10) 日本語は難しいです。

→ 日本語は________________。

3.

(예) このゲームはおもしろそうです。
→ このゲームはおもしろいそうです。

(1) あしたは雨が降りそうです。

→ あしたは雨が________________。

(2) 中村さんは元気そうです。

→ 中村さんは＿＿＿＿＿＿＿＿＿＿＿＿＿＿＿＿。

(3) 正雄君はキムチが好きそうです。

→ 正雄君はキムチが＿＿＿＿＿＿＿＿＿＿＿＿＿。

(4) テストが終りそうです。

→ テストが＿＿＿＿＿＿＿＿＿＿＿＿＿＿＿＿＿。

(5) 先生は忙しそうです。

→ 先生は＿＿＿＿＿＿＿＿＿＿＿＿＿＿＿＿＿＿。

(6) この店のケーキはおいしそうです。

→ この店のケーキは＿＿＿＿＿＿＿＿＿＿＿＿＿。

(7) 彼女は最近暇そうです。

→ 彼女は最近＿＿＿＿＿＿＿＿＿＿＿＿＿＿＿＿。

(8) 林さんは花子と結婚しそうです。

→ 林さんは花子と＿＿＿＿＿＿＿＿＿＿＿＿＿＿。

(9) あした、田中さんも来そうです。

→ あした、田中さんも＿＿＿＿＿＿＿＿＿＿＿＿。

(10) きょうは暑そうです。

→ きょうは＿＿＿＿＿＿＿＿＿＿＿＿＿＿＿＿＿。

メモ

제 2 과

スマホに替(か)えたらどうですか。

기본문형

1. ご用意いたします。
2. しばらくお待ちください。
3. ホワイトのものがほしいです。

竹下(たけした)　あれ、金さん、新しいケータイですね。

金　昨日買ったばかりなんです。

竹下　それが最近流行(はや)っているスマートフォンですか。

金　そうです。本当に便利でびっくりしました。
電話だけではなく、インターネットもできるし、音楽も聞けるし、
いろいろ機能(きのう)がありますよ。見てください。

竹下　本当ですね。うらやましいです。

金　竹下さんもスマホに替えたらどうですか。

竹下　値段がちょっと高いようですが……。

金　それは心配しなくてもいいです。ショップで本体の価格を半分ぐらい安くしてくれますよ。

竹下　半分もですか、すごいですね。

金　残りは24ヶ月にかけて支払うので、一ヶ月分はそんなに高くならないです。

竹下　本気で検討してみます。

金　スマホも種類や契約プランが多いので、よく調べてみてください。

竹下　やっぱり心配です。すみませんが、買う時につきあってくれませんか。

金　いいですよ。

店員　いらっしゃいませ。

金　　スマホを買いたいんですが、いくつか見せてください。

店員　これが一番最新のモデルでございます。

竹下　もっと小さいものはありませんか。

店員　これはいかがでしょうか。シンプルで若い方に人気(にんき)ですよ。

金　　よさそうですね。竹下さん、どうですか。

竹下　いいと思います。カラーはホワイトのものがほしいんですが。

店員　かしこまりました。

すぐご用意いたしますので、しばらくお待ちください。

竹下　金さんのおかげでよいものが選べました。ありがとうございます。

金　　どういたしまして。一緒にスマホデビューですね。

새 단어와 발음연습

あかちゃん(赤ちゃん)	갓난아기	しけん(試験)	시험
あむ(編む)	뜨다, 짜다	しはらう(支払う)	지불하다
あんない(案内)	안내	せんげつ(先月)	지난달
かえる(替える)	바꾸다, 교체하다	でんし(電子)	전자
かかく(価格)	가격	でんわ(電話)	전화
かんきょう(環境)	환경	ともだち(友達)	친구
きのう(機能)	기능	にんき(人気)	인기
けいやく(契約)	계약	ひっこす(引っ越す)	이사하다
けんとう(検討)	검토	ほんき(本気)	진지한 마음, 본심
げんば(現場)	현장	ほんたい(本体)	본체

◘ 발음을 비교해 봅시다(반탁음—탁음)

〔A〕パン　　　　　− ばん(番)

〔B〕ペンチ　　　　− ベンチ

〔C〕せんぱい(先輩) − せんばい(千倍)

문형연습

1. **~たら(だら) どうですか**(~하는 것이 어떻겠습니까? / 권고, 제안)

買った 見た した 来た	⇨	買ったら 見たら したら 来たら	どうですか。

- 彼女を許(ゆる)したらどうですか。
- たばこをやめたらどうですか。
- この本を読んだらどうですか。
- ギターでも始めたらどうですか。
- 薬を飲んで少し寝たらどうですか。

2. **~たばかりです**(막~했습니다)

終わる 食べる 来る	⇨	終わった 食べた 来た	ばかりです。

- 会議は今終わったばかりです。
- 生まれたばかりの赤(あか)ちゃんです。
- 部屋の電気をつけたばかりです。
- 高橋(たかはし)さんは先月(せんげつ)結婚したばかりです。
- ご飯を食べたばかりなので、お腹がいっぱいです。

3. ~て(で) くれる(남이 나에게) ~해 주다

- かさを貸(か)してくれませんか。
- 友(とも)だちが手伝ってくれました。
- 親がお金を送ってくれました。
- 母がセーターを編(あ)んでくれました。
- 彼は日本に引(ひ)っ越(こ)してきたばかりの私にやさしくしてくれました。

4. 명사+が ほしい(화자의 욕구, 욕망)

恋人(こいびと) 車 新しいスマホ	が ほしい。

- 私はバイクがほしいです。
- 冷たいビールがほしいです。
- 電子(でんし)辞書がほしかったんです。
- ぼくは新しいスマホがほしいです。
- さびしいので、話し相手がほしいです。

5. 겸양표현 형식「お~する / いたす」

① お+동사「ます형」+する / いたす

- お名前をお呼びします / いたします。
- 環境(かんきょう)についてお話しします / いたします。
- テストの結果(けっか)をお知らせします / いたします。

② ご+한자어 명사+する / いたす

- 現場(げんば)をご案内(あんない)します / いたします。
- のちほどお電話します / いたします。
- マニュアルをご説明します / いたします。

6. お + 동사「ます형」+ ください(「~て ください」의 존경표현)

入って 急いで	ください。	⇨	お入り お急ぎ	ください。

- どうぞ、お座(すわ)りください。
- しばらくお待ちください。
- ここにお名前をお書きください。

연습문제

1. (예) 今日は早めに帰る。どうですか。
→ 今日は早めに帰ったら、どうですか。

(1) たばこをやめる。どうですか。

→ たばこを＿＿＿＿＿＿＿＿、どうですか。

(2) 日本の新聞を読む。どうですか。

→ 日本の新聞を＿＿＿＿＿＿＿＿、どうですか。

(3) 薬を飲む。どうですか。

→ 薬を＿＿＿＿＿＿＿＿、どうですか。

(4) 病院に行く。どうですか。

→ 病院に＿＿＿＿＿＿＿＿、どうですか。

(5) 窓を開ける。どうですか。

→ 窓を＿＿＿＿＿＿＿＿、どうですか。

2. (예) 母がセーターを編む。
→ 母がセーターを編んでくれた。

(1) 夫が掃除を手伝う。

→ 夫が掃除を＿＿＿＿＿＿＿＿＿＿＿＿＿＿＿＿。

(2) 友だちがかさを貸す。

→ 友だちがかさを＿＿＿＿＿＿＿＿＿＿＿＿。

(3) 母がお金を送る。

→ 母がお金を＿＿＿＿＿＿＿＿＿＿＿＿。

(4) 母が新しいケータイを買う。

→ 母が新しいケータイを＿＿＿＿＿＿＿＿＿＿＿＿。

(5) 木村さんが迎えに来る。

→ 木村さんが迎えに＿＿＿＿＿＿＿＿＿＿＿＿。

(6) 竹下さんが教える。

→ 竹下さんが＿＿＿＿＿＿＿＿＿＿＿＿。

(7) 田中君が日本料理を作る。

→ 田中君が日本料理を＿＿＿＿＿＿＿＿＿＿＿＿。

(8) 朴さんが道を案内する。

→ 朴さんが道を＿＿＿＿＿＿＿＿＿＿＿＿。

(9) 木村さんが本を読む。

→ 木村さんが子供に本を＿＿＿＿＿＿＿＿＿＿＿＿。

(10) 金さんが家族写真を見せる。

→ 金さんが私に家族写真を＿＿＿＿＿＿＿＿＿＿＿＿。

3.

(예) お名前を呼ぶ。
→ お名前をお呼びします。

(1) カバンは私が持つ。

→ カバンは私が＿＿＿＿＿＿＿＿＿＿＿＿＿＿＿＿。

(2) テストの結果を知らせる。

→ テストの結果を＿＿＿＿＿＿＿＿＿＿＿＿＿＿＿＿。

(3) 家族写真を見せる。

→ 家族写真を＿＿＿＿＿＿＿＿＿＿＿＿＿＿＿＿。

(4) 現場を案内する。

→ 現場を＿＿＿＿＿＿＿＿＿＿＿＿＿＿＿＿。

(5) マニュアルを説明する。

→ マニュアルを＿＿＿＿＿＿＿＿＿＿＿＿＿＿＿＿。

(6) 朴さんを紹介する。

→ 朴さんを＿＿＿＿＿＿＿＿＿＿＿＿＿＿＿＿。

(7) 環境について話す。

→ 環境について＿＿＿＿＿＿＿＿＿＿＿＿＿＿＿＿。

(8) のちほど電話する。

→ のちほど＿＿＿＿＿＿＿＿＿＿＿＿＿＿＿＿。

(9) あした訪ねる。

→ あした＿＿＿＿＿＿＿＿＿＿＿＿＿＿＿＿＿＿＿＿。

(10) マニュアルを送る。

→ マニュアルを＿＿＿＿＿＿＿＿＿＿＿＿＿＿＿＿＿＿。

4.

> (예) 待ってください。
> → お待ちください。

(1) 入ってください。

→ ＿＿＿＿＿＿＿＿＿＿＿＿＿＿＿＿＿＿＿＿＿＿＿＿。

(2) 送ってください。

→ ＿＿＿＿＿＿＿＿＿＿＿＿＿＿＿＿＿＿＿＿＿＿＿＿。

(3) 見せてください。

→ ＿＿＿＿＿＿＿＿＿＿＿＿＿＿＿＿＿＿＿＿＿＿＿＿。

(4) 書いてください。

→ ＿＿＿＿＿＿＿＿＿＿＿＿＿＿＿＿＿＿＿＿＿＿＿＿。

(5) 急いでください。

→ ＿＿＿＿＿＿＿＿＿＿＿＿＿＿＿＿＿＿＿＿＿＿＿＿。

(6) 選んでください。

→ ＿＿＿＿＿＿＿＿＿＿＿＿＿＿＿＿＿＿＿＿＿＿＿＿。

(7) 読んでください。

→ ＿＿＿＿＿＿＿＿＿＿＿＿＿＿＿＿＿＿＿＿。

(8) 座ってください。

→ ＿＿＿＿＿＿＿＿＿＿＿＿＿＿＿＿＿＿＿＿。

(9) 許してください。

→ ＿＿＿＿＿＿＿＿＿＿＿＿＿＿＿＿＿＿＿＿。

(10) 話してください。

→ ＿＿＿＿＿＿＿＿＿＿＿＿＿＿＿＿＿＿＿＿。

メモ

제 3 과

無理しないほうがいいです。

기본문형

1. 無理はしないほうがいいです。
2. あしたは休んだほうがいいです。
3. 体がだるいし、頭がいたいです。

医者（いしゃ）　どうしましたか。

朴（パク）　体がだるいし、頭がいたいです。

医者　いつからですか。

朴　昨日の朝からです。

医者　熱はありますか。

朴　さっき病院で計（はか）りましたが、37.5度でした。

医者　微熱（びねつ）がありますね。咳（せき）は出ますか。

朴　咳は出ません。

医者　口をちょっと開けてください。

喉(のど)が赤くはれていますね。お腹の調子はどうですか。

朴　お腹はいたくありませんが、食欲(しょくよく)があまりないです。

医者　ちょっと見てみましょう。

お腹はだいじょうぶのようですね。

風邪薬(かぜぐすり)を3日分出しますので、三日後もう一度来てください。

朴　ありがとうございます。先生、あしたは大学に行かないで休んだほうがいいでしょうか。

医者　今晩早めに休んで、明日の朝、体調(たいちょう)が良ければ行ってもいいですけど、無理はしないほうがいいです。

朴　　　わかりました。ありがとうございました。

スタッフ　保険証(ほけんしょう)を見せていただけますか。

朴　　　はい、どうぞ。

スタッフ　ありがとうございました。
あとでお名前をお呼びしますので、そこの椅子に座ってしばらくお待ちください。

朴　　　わかりました。

スタッフ　朴様、計算(けいさん)ができましたので、ATM(エーティエム)でお支払(しはら)いください。

새 단어와 발음연습

あせ(汗)	땀	たいちょう(体調)	몸의 상태
うんてん(運転)	운전	だるい(怠い)	나른하다
おちゃかい(お茶会)	차 마시는 모임	のど(喉)	목, 인후
かぜぐすり(風邪薬)	감기약	はかる(計る)	(무게를) 달다
けいさん(計算)	계산	はれる(腫れる)	붓다
こうつう(交通)	교통	ハンサム(handsome)	핸섬, 미남
しょくよく(食欲)	식욕	びねつ(微熱)	미열
せき(咳)	기침	ほけんしょう(保険証)	보험증

◎ 발음을 비교해 봅시다(요음—직음)

〔A〕きゃく(客) － きやく(規約)

〔B〕じゅう(十) － じゆう(自由)

〔C〕ひゃく(百) － ひやく(飛躍)

〔D〕きょう(今日) － きよう(起用)

문형연습

1. (충고 / 조언 표현)

① ~た(だ) ほうが いい (~하는 것이 좋겠다)

読む 開ける 来る	⇨	読んだ 開けた 来た	ほうが いい。

- 早く帰ったほうがいいです。
- 気をつけたほうがいいです。
- 少し急いだほうがいいです。
- 薬を飲んだほうがいいです。
- たばこはやめたほうがいいです。

② ~ない ほうが　いい (~하지 않는 것이 좋겠다)

やる 着る する	⇨	やら 着 し	ない ほうが いい。

- 上着(うわぎ)は着ないほうがいいです。
- お酒は飲まないほうがいいです。
- まだ運転(うんてん)はしないほうがいいです。
- たばこは吸わないほうがいいです。
- 彼女には話さないほうがいいです。

2. ~し、(병렬)

- 熱もあるし、頭もいたいです。
- 彼は親切だし、ハンサムです。
- お金もないし、時間もありません。
- この部屋は静かだし、きれいです。
- 雨も降っているし、風も強いですね。

3. ~ようだ(~인 것 같다 / 불확실한 단정)

- 午後から雨が降るようですよ。
- 木村さんは元気になったようです。
- 彼女は田中さんが好きだったようです。
- サッカーが話題になっているようですね。
- コンサートのあと、お茶会(ちゃかい)があるようです。

4. ので(원인 / 이유)

① 동사, イ형용사＋ので

- 寝ぼうをしたので、遅れました。
- 汗(あせ)をかいたので、シャワーをあびました。
- 部屋が寒いので、ストーブをつけました。
- お客さんが来るので、買い物に行きます。

② 명사, ナ형용사 어간＋なので

- 彼はお休みなので、会社に来ません。
- この部屋は南向きなので、暖かいです。
- ここは交通が便利なので、住みやすいです。

연습문제

1. (예) 病院に行く。
   → 病院に行ったほうがいいです。

(1) 気をつける。

→ 気を＿＿＿＿＿＿＿＿＿ほうがいいです。

(2) メールを書く。

→ メールを＿＿＿＿＿＿＿＿＿ほうがいいです。

(3) 少し急ぐ。

→ 少し＿＿＿＿＿＿＿ほうがいいです。

(4) 薬を飲む。

→ 薬を＿＿＿＿＿＿＿ほうがいいです。

(5) 早く帰る。

→ 早く＿＿＿＿＿＿＿ほうがいいです。

2.

(예) きものを着ません。
→ きものは着ないほうがいいです。

(1) 運動をしません。

→ 運動は＿＿＿＿＿＿＿ほうがいいです。

(2) おふろに入りません。

→ おふろに＿＿＿＿＿＿＿ほうがいいです。

(3) 彼が来ません。

→ 彼は＿＿＿＿＿＿＿ほうがいいです。

(4) お酒を飲みません。

→ お酒は＿＿＿＿＿＿＿ほうがいいです。

(5) 先生に言いません。

→ 先生には＿＿＿＿＿＿＿ほうがいいです。

3.

(예) 熱があります。頭がいたいです。
→ 熱もあるし、頭もいたいです。

(1) 体の調子が悪いです。食欲がありません。

→ ______________________________。

(2) 彼は親切です。ハンサムです。

→ ______________________________。

(3) 雨が降っています。風が強いです。

→ ______________________________。

(4) お金がありません。時間がありません。

→ ______________________________。

(5) この部屋は静かです。広いです。

→ ______________________________。

4.

(예) 雨が<u>降ります</u>。
→ 雨が<u>降るようです</u>。

(1) サッカーが<u>話題になっています</u>。

→ サッカーが______________________。

(2) コンサートのあと、お茶会が<u>あります</u>。

→ コンサートのあと、お茶会が______________。

(3) 木村さんは元気になりました。

→ 木村さんは＿＿＿＿＿＿＿＿＿＿＿＿＿＿＿＿。

(4) 彼女は田中さんが好きでした。

→ 彼女は田中さんが＿＿＿＿＿＿＿＿＿＿＿＿＿。

(5) お客さんが来ます。

→ お客さんが＿＿＿＿＿＿＿＿＿＿＿＿＿＿＿＿。

5.

(예) アルバイトがあります。　早く帰る。 → アルバイトがあるので、　早く帰りました。

(1) 彼女に会いたいです。手紙を書く。

→ 彼女に＿＿＿＿＿＿＿＿＿＿＿＿＿＿＿＿＿＿。

(2) 寒いです。ストーブをつける。

→ ＿＿＿＿＿＿＿＿＿＿＿＿＿＿＿＿＿＿＿＿＿。

(3) 汗をかきました。シャワーをあびる。

→ 汗を＿＿＿＿＿＿＿＿＿＿＿＿＿＿＿＿＿＿＿。

(4) 場所がわかりません。タクシーに乗る。

→ 場所が＿＿＿＿＿＿＿＿＿＿＿＿＿＿＿＿＿＿。

(5) 歩いて来ました。時間がかかる。

→ 歩いて＿＿＿＿＿＿＿＿＿＿＿＿＿＿＿＿＿＿。

(6) 今日はお休みです。会社へ行きません。

→ 今日は＿＿＿＿＿＿＿＿＿＿＿＿＿＿＿＿＿＿。

(7) ここは禁煙です。たばこはだめです。

→ ここは＿＿＿＿＿＿＿＿＿＿＿＿＿＿＿＿＿＿。

(8) ここは交通が便利です。住みやすいです。

→ ここは交通が＿＿＿＿＿＿＿＿＿＿＿＿＿＿＿。

(9) 色がきれいです。買います。

→ 色が＿＿＿＿＿＿＿＿＿＿＿＿＿＿＿＿＿＿＿。

(10) この部屋は南向きです。暖かいです。

→ この部屋は＿＿＿＿＿＿＿＿＿＿＿＿＿＿＿＿。

제 4 과

おみやげをもらいました。

기본문형

1. 味付(あじつ)けのりをあげました。
2. チョコレートをもらいました。
3. 暇なら、遊びに来てください。

韓(ハン)　こんにちは。お待たせしました。

高橋(たかはし)　韓さん、お久しぶりですね。私も今着いたばかりです。どこかベンチに座りましょうか。

韓　あ、向うの木の下のいいところがあいていますね。

高橋　残暑(ざんしょ)も終わって、今日はだいぶ涼しくなりましたね。

韓　今年の夏は特に暑かったので、ようやくほっとできますね。

高橋　そういえば、韓さんは旅行に行ってきたと聞きましたが。

韓　そうです。実は夏休みの間、どうせなら涼しいところに旅行したいと思って、北海道に行ってきました。

高橋　北海道！いいですね。どのくらいいたんですか。

韓　ちょうど友だちが招待してくれて。5泊6日だったんですが、ずっと天気もよくて、いい思い出になりました。

高橋　それはよかったですね。お友だちとたくさん観光しましたか。

韓　ええ、ご家族があちこち案内してくれて、湖や温泉にもつれて行ってもらいました。

高橋　景色よさそうですね。私はまだ北海道には行ったことがないんですよ。やっぱり涼しかったですか。

韓　それが、朝晩は冷えるんですが、日中はここと変わらない暑さでしたよ。でも、景色は広々としてすばらしいし、食事もおいしいし。短い滞在だったんですが、夏はとても住みやすいところだと思いました。

高橋　そういうことなら、私も今度、夏に行ってみたいと思います。北海道の写真、ありますか。

韓　写真、後で見せますね。これお土産です。どうぞ。友だちのお母さんからいただいたチョコレートです。

高橋　まあ、もらってもいいんですか。ホワイトチョコレートですね。おいしそう。わざわざありがとうございます。

韓　友だちのところに韓国の味つけ海苔を持って行ってお土産にあげました。ご家族みんなそれが大好きだったようです。

高橋　私も大好きですよ。香ばしくておいしいですよね。

韓　お好きならお分けしますよ。母が送ってくれて、家にまだたくさんありますから。

高橋　あら、ありがとうございます。もしあまっているのなら、ぜひいただきます。

새 단어와 발음연습

あく(空く)	(공간이) 비다	しょうたい(招待)	초대
あさばん(朝晩)	아침저녁	しょくじ(食事)	식사
おとしだま(お年玉)	세뱃돈	しょくどう(食堂)	식당
おんせん(温泉)	온천	たいざい(滞在)	체재, 체류
かんこう(観光)	관광	なおす(直す)	고치다
けしき(景色)	경치, 풍경	にっちゅう(日中)	낮, 한낮
こうばしい(香ばしい)	향기롭다, 구수하다	のり(海苔)	김
こづかい(小遣い)	용돈	ゆうき(勇気)	용기
ざんしょ(残暑)	늦더위	しんせき(親戚)	친척
みずうみ(湖)	호수		

발음을 비교해 봅시다(단음—장음)

［A］いえ(家) ― いいえ

［B］ゆき(雪) ― ゆうき(勇気)

［C］おじさん(叔父さん) ― おじいさん(お祖父さん)

［D］おばさん(叔母さん) ― おばあさん(お祖母さん)

문형연습

1. 수수동사(授受動詞)

くれる (남이 나에게) 주다
もらう (내가 남에게) 받다
あげる (내가 남에게) 주다
いただく (「もらう」「食べる」「飲む」의 겸양어)

- これは元気と勇気をくれる本です。
- 金さんが私にプレゼントをくれました。

- 私は子供にこづかいをあげました。
- 私は渡辺さんにのりをあげました。

- 私は韓さんからお土産をもらいました。
- 私は友だちからハンカチをもらいました。

- 私は先生から手紙をいただきました。
- 私は親戚からお年玉をいただきました。
- 私は彼のお母さんからチョコレートをいただきました。

2. ～て もらう(화자에게 이익이 되는 상황을 나타냄)

- 友だちにお金を貸してもらった。
- 山田さんに日本語を教えてもらいました。
- 金さんの家族写真を見せてもらいました。

3. 명사, 동사, イ형용사 사전형, ナ형용사 어간+なら(~라면 / 가정, 조건)

- 暇なら、遊びに来てください。
- お好きなら、分けてあげます。
- 運転するなら、飲まないでください。
- そんなに痛いなら、やめたほうがいいです。

4. イ형용사 어간+「さ」(명사)

- 重さはどのくらいですか。
- 京都の暑さに驚(おどろ)きました。
- 山の高さを知っていますか。
- キムチは辛(から)さがおいしさです。
- あの人のよさがよくわかります。
- 公園の広さはどのくらいですか。

연습문제

1.
(예) 友だちは私にプレゼントをくれました。
→ 私は友だちからプレゼントをもらいました。

(1) 太郎は花子からネクタイをもらいました。

→ 花子は太郎にネクタイを＿＿＿＿＿＿＿＿＿＿。

(2) 私は兄からこづかいをもらいました。

→ 兄は私にこづかいを＿＿＿＿＿＿＿＿＿＿＿＿＿。

(3) 田中先生は私に本をくれました。

→ 私は田中先生から本を＿＿＿＿＿＿＿＿＿＿＿＿＿。

(4) 林さんは朴さんから韓国ののりをもらいました。

→ 朴さんは林さんに韓国ののりを＿＿＿＿＿＿＿＿＿。

(5) 私は子供にプレゼントをあげました。

→ 子供は私から＿＿＿＿＿＿＿＿＿＿＿＿＿＿＿＿。

2.

> (예) 木村さんが日本語を教えました。
> → 木村さんに日本語を教えてもらいました。

(1) 朴さんがかさを貸しました。

→ 朴さんにかさを＿＿＿＿＿＿＿＿＿＿＿＿＿＿＿。

(2) 金さんがゴミを出しました。

→ 金さんにゴミを＿＿＿＿＿＿＿＿＿＿＿＿＿＿＿。

(3) 田中さんがレポートを手伝いました。

→ 田中さんにレポートを＿＿＿＿＿＿＿＿＿＿＿＿＿。

(4) 山田さんが日本語の作文を直しました。

→ 山田さんに日本語の作文を＿＿＿＿＿＿＿＿＿＿。

(5) 親がお金を送りました。

→ 親にお金を＿＿＿＿＿＿＿＿＿＿＿＿＿＿＿＿。

3.

(예) 昨日、来ました。
→ 昨日、来たばかりです。

(1) 昼ごはんを食べました。

→ 昼ごはんを＿＿＿＿＿＿＿＿＿＿＿＿＿＿＿＿。

(2) 仕事が終わりました。

→ 仕事が＿＿＿＿＿＿＿＿＿＿＿＿＿＿＿＿。

(3) 今、起きました。

→ 今、＿＿＿＿＿＿＿＿＿＿＿＿＿＿＿＿。

(4) 窓を開けました。

→ 窓を＿＿＿＿＿＿＿＿＿＿＿＿＿＿＿＿。

(5) レポートを出しました。

→ レポートを＿＿＿＿＿＿＿＿＿＿＿＿＿＿＿＿。

4.

(예) 暇です。遊びに来てください。
→ 暇なら、遊びに来てください。

(1) 運転します。飲まないでください。

→ ＿＿＿＿＿＿＿＿、飲まないでください。

(2) いやです。やめてもいいです。

→ ＿＿＿＿＿＿＿＿、やめてもいいです。

(3) 納豆が好きです。たくさん食べてください。

→ 納豆が＿＿＿＿＿＿＿＿、たくさん食べてください。

(4) スーツを買います。あの店がやすいです。

→ スーツを＿＿＿＿＿＿＿＿、あの店がやすいです。

(5) いい所です。ドライブに行きましょう。

→ ＿＿＿＿＿＿＿＿、ドライブに行きましょう。

メモ

제 5 과

ゆかたを着たことがありますか。

기본문형

1. 下駄(げた)は歩きにくいと思います。
2. お祭(まつ)りに行ったことありますか。
3. 盆踊(ぼんおど)りの練習(れんしゅう)をしているところです。

橋本(はしもと)　崔(チェ)さん、日本のお祭りに行ったことありますか。

崔　写真では見たことがありますが、実際(じっさい)に見に行ったことはありません。

橋本　それなら、今週の土曜日、あいていますか。
ちょうどお祭りがあるので、一緒(いっしょ)に行きませんか。

崔　いいですね。どこでやるんですか。

橋本　日比谷(ひびや)公園です。盆踊りを習うこともできますよ。

崔　本当ですか。盆踊りはどんな踊りですか。

橋本　夏のお祭りで踊る踊りで、普通はやぐらを囲んで輪になって踊ります。

崔　楽しそうですね。私もやってみたいです。だれでも盆踊りに参加できますか。

橋本　もちろんですよ。一緒に踊ってみますか。
私、実はお祭りで一度上手に踊ってみたいと思って、一人で盆踊りの練習をしているところなんです。

崔　へえ、それはぜひ橋本さんが踊っているところを見てみたいです。

橋本　崔さんは着物かゆかたを着たことがありますか。

崔　いいえ、まだありません。着物の着かたは難しいと聞いたことがありますが、ゆかたも同じですか。

橋本　いいえ、ゆかたは簡単ですよ。
そうだ、よかったらお祭りの日にうちで着てみませんか。

崔　本当に？ 嬉しい！ ありがとうございます。

橋本　私、ゆかたを二着(にちゃく)持ってますから。一緒にゆかたを着て、お祭りに行きましょう。

崔　着物もゆかたも、普段(ふだん)は外で着ている人をほとんど見かけませんが。

橋本　夏のお祭りと花火大会(はなびたいかい)の時は、ゆかたを着る人も多いんですよ。

崔　そうなんですか。ゆかたを着る時、何か私が準備(じゅんび)するものはありませんか。

橋本　下駄は歩きにくいと思うので、サンダルをはいて来てください。

崔　わかりました。サンダルをはいて行きます。
でも下駄も一度はいてみたいですね。

橋本　そうですよね。当日、うちで私の下駄をはいてちゃんと歩けるかどうか、試(ため)してみましょう。

崔　土曜日が今から待ち遠しいです。楽しみにしています。

새 단어와 발음연습

いちおう(一応)	일단, 우선은	ためす(試す)	시험해 보다
おどる(踊る)	춤추다	たんご(単語)	단어
かこむ(囲む)	둘러싸다	にちゃく(二着)	두 벌
きかた(着方)	입는 방법	はつおん(発音)	발음
げた(下駄)	일본 나막신	はなび(花火)	불꽃
さんか(参加)	참가	ふだん(普段)	평소
じっさい(実際)	실제	ぼんおどり(盆踊り)	음력 7월 15일 밤에 남녀노소가 모여 추는 춤
じゅんび(準備)	준비	まちどおしい(待ち遠しい)	몹시 기다려지다
そうだん(相談)	상담, 의논	みごとだ(見事だ)	훌륭하다, 멋지다
たいかい(大会)	대회	れんしゅう(練習)	연습

◎ 발음을 비교해 봅시다(직음-촉음)

〔A〕いち(一) ー いっち(一致)

〔B〕おと(音) ー おっと(夫)

〔C〕かき(柿) ー かっき(活気)

〔D〕うた(歌) ー うった(売った)

문형연습

1. ~た ことが ある(~한 적이 있다 / 과거의 경험)

① 聞く・泳ぐ ⇨ 聞いた・泳いだ ことが ある。

○ 海で泳いだことがあります。

○ 彼の名前を聞いたことがあります。

② 勝(か)つ・送る・会う ⇨ 勝(か)った・送った・会った ことが ある。

○ 富士山(ふじさん)に登ったことがあります。

○ 米田(よねだ)さんに会ったことがあります。

③ 読む・呼ぶ ⇨ 読んだ・呼んだ ことが ある。

○ 日比谷公園で遊んだことがあります。

○ 日本の小説を読んだことがありますか。

2. ~て(で)いる ところです(~하고 있는 중입니다)

歩く	⇨	歩いて	いる ところです。
食べる		食べて	
相談(そうだん)する		相談して	

- 彼と相談しているところです。
- カレーライスを作っているところです。
- さくらの花が見事(みごと)に咲いているところです。

3. 동사「ます형」+にくい / やすい(~하기 어렵다 / 쉽다)

- 下駄は歩きにくいです。
- サンダルははきやすいです。
- この単語(たんご)は発音(はつおん)しにくいです。
- 北海道の夏は住みやすいです。

4. ~てみる(시험 삼아 ~해 보다)

やる	⇨	やって	みる。
食べる		食べて	

- 一応(いちおう)行ってみます。
- 空を飛んでみたいです。
- 似合(にあ)うかどうか着てみます。
- 日本の歌を歌ってみたいです。
- 時間がかかりますが、やってみます。

연습문제

1. (예) 納豆を食べる。
→ 納豆を食べたことがあります。

(1) 日本語でメールを送る。

→ 日本語でメールを＿＿＿＿＿＿＿＿＿＿。

(2) このかわいい犬、どこかで見る。

→ このかわいい犬、どこかで＿＿＿＿＿＿＿＿＿＿。

(3) 海で泳ぐ。

→ 海で＿＿＿＿＿＿＿＿＿＿。

(4) 日本のビールを飲む。

→ 日本のビールを＿＿＿＿＿＿＿＿＿＿。

(5) 日本人と話す。

→ 日本人と＿＿＿＿＿＿＿＿＿＿。

(6) 名前を聞く。

→ 名前を＿＿＿＿＿＿＿＿＿＿。

(7) 北海道に行く。

→ 北海道に＿＿＿＿＿＿＿＿＿＿。

(8) 米田さんに会う。

→ 米田さんに＿＿＿＿＿＿＿＿＿＿。

(9) 富士山に登る。

→ 富士山に＿＿＿＿＿＿＿＿＿＿＿＿＿＿＿＿。

(10) 日本の小説を読む。

→ 日本の小説を＿＿＿＿＿＿＿＿＿＿＿＿＿＿＿＿。

2.

(예) メールを書く。

→ メールを書いているところです。

(1) 彼と相談する。

→ 彼と＿＿＿＿＿＿＿＿＿＿＿＿＿＿＿＿。

(2) キャンパスを歩く。

→ キャンパスを＿＿＿＿＿＿＿＿＿＿＿＿＿＿＿＿。

(3) 彼女と話す。

→ 彼女と＿＿＿＿＿＿＿＿＿＿＿＿＿＿＿＿。

(4) 行くかどうか考える。

→ 行くかどうか＿＿＿＿＿＿＿＿＿＿＿＿＿＿＿＿。

(5) みんなでコーヒーを飲む。

→ みんなでコーヒーを＿＿＿＿＿＿＿＿＿＿＿＿＿＿＿＿。

3.

(예) 日本料理を<u>作ります</u>。
→ 日本料理を<u>作ってみます</u>。

(1) ゲームを<u>やる</u>。
→ ゲームを＿＿＿＿＿＿＿＿＿＿＿＿＿＿＿＿。

(2) 彼と<u>相談する</u>。
→ 彼と＿＿＿＿＿＿＿＿＿＿＿＿＿＿＿＿。

(3) 日本の歌を<u>歌う</u>。
→ 日本の歌を＿＿＿＿＿＿＿＿＿＿＿＿＿＿＿＿。

(4) 着物を<u>着る</u>。
→ 着物を＿＿＿＿＿＿＿＿＿＿＿＿＿＿＿＿。

(5) 彼を<u>呼ぶ</u>。
→ 彼を＿＿＿＿＿＿＿＿＿＿＿＿＿＿＿＿。

(6) 英語で<u>話す</u>。
→ 英語で＿＿＿＿＿＿＿＿＿＿＿＿＿＿＿＿。

(7) 納豆を<u>食べる</u>。
→ 納豆を＿＿＿＿＿＿＿＿＿＿＿＿＿＿＿＿。

(8) 日本語でメールを<u>送る</u>。
→ 日本語でメールを＿＿＿＿＿＿＿＿＿＿＿＿＿＿＿＿。

(9) 一応行く。

→ 一応＿＿＿＿＿＿＿＿＿＿＿＿＿＿＿＿＿＿＿＿。

(10) KTXに乗る。

→ KTXに＿＿＿＿＿＿＿＿＿＿＿＿＿＿＿＿＿＿＿＿。

제 6 과

お茶でも飲まない？

기본문형

1. そろそろ帰らなきゃ。
2. テストは全部終わった？
3. 好きな人ができたんだって。

智子（ともこ）　けんちゃん！

健治（けんじ）　あ、智（とも）ちゃん、久（ひさ）しぶり！ 元気？

智子　本当、久しぶり。

健治　テストは全部終わった？

智子　やっと終わって、ほっとしているところ。

健治　レポートはない？

智子　一つあるけど締（し）め切（き）りまでまだ一週間あるし。

健治　じゃ、よかったらお茶でも飲まない？

智子　うん、いいよ。

健治　学生会館(かいかん)の中に新しい店ができたんだけど、行ったことある？

智子　いや、まだ。そこに行ってみよう。

智子　何にする？

健治　ぼくはアイスアメリカーノ。智(とも)ちゃんは？

智子　私はカプチーノ。ホットで。

健治　わかった。ここで待ってて。ぼくが買ってくるから。

(二人はコーヒーを飲みながらおしゃべりをしている。)

智子　最近、和子(かずこ)ちゃんに好きな人ができたんだって。

健治　ほんとう？ どんな人？

智子　同じ学科の先輩だよ。でも、まだ告白(こくはく)してないんだって。

健治　えっ、どこで知り合ったのかな？

智子　サークルで知り合ったみたい。

健治　そうか……。ぼくじゃないんだ……。

智子　今度のバレンタインデーに告白するつもりなんだって。

健治　へえ。手作り(てづくり)チョコ渡すつもりかな？

智子　そうみたい。それで今、家でチョコレートを作る練習してるんだって。

健治　ふーん。

智子　もう5時ね。そろそろ帰らなきゃ。食事のしたくを手伝わなきゃいけないの。母が風邪(かぜ)をひいて体の調子がよくなくて……。

健治　そうなんだ……。もうこんな時間になったね。
それじゃ、またね。楽しかったよ。お母さん、お大事に。

새 단어와 발음연습

あまやどり(雨宿り)	비를 피함	きゅうがく(休学)	휴학
いる(要る)	필요하다	こくはく(告白)	고백
かいかん(会館)	회관	しめきり(締め切り)	(기한의) 마감
かぜ(風邪)	감기	てづくり(手作り)	수제, 손수 만듦
がっしゅく(合宿)	합숙	まもる(守る)	지키다

발음을 비교해 봅시다(발음 / ん)

〔A〕さま(様) － さんま(秋刀魚)

〔B〕ぶか(部下) － ぶんか(文化)

〔C〕ひかく(比較) － ひんかく(品格)

〔D〕にき(二期) － にんき(人気)

문형연습

1. 친밀체

- 何にする？
- ここで待ってて。
- ケーキは要らない？
- そろそろ帰らなきゃ。
- 日本へ行くんだって。

2. ～なければ ならない(~하지 않으면 안 된다 / 의무)

- もっと食べなければならない。
- 時間を守(まも)らなければならない。
- レポートは出さなければならない。
- あなたは少し休まなければなりません。
- 駅まで迎(むか)えに行かなければなりません。

3. ~なきゃ(なくちゃ / ~なければ「なくては」)의 축약형

少し休ま ちゃんと食べ 旅行の準備をし	なければ ⇨	少し休ま ちゃんと食べ 旅行の準備をし	なきゃ(なくちゃ)。

- もう寝なきゃ(なくちゃ)。
- そろそろ準備しなきゃ(なくちゃ)。
- 今日は着物を着なきゃ(なくちゃ)。
- あしたから会社に行かなきゃ(なくちゃ)。
- あなたが書かなきゃ(なくちゃ)意味がない。

4. ~って(伝聞의 「~そうだ」의 친밀체)

- 歌を練習してるんだって。
- 合宿に行けないんだって。
- 好きな人ができたんだって。
- まだ告白してないんだって。

5. みたいだ(~인 것 같다)

① 불확실, 또는 완곡한 단정을 나타냄

- 部屋にだれかいるみたい。
- 外は雪が降っているみたい。
- あの人は、もう日本に着いているみたい。
- 町には外国人が多く、まるで外国に来ているみたい。

② 친밀체에서는 「みたい(ね)」의 형태로 사용하는 경우가 많음

- あの人は日本人みたいね。
- 先輩と付き合っているみたい。
- 和子さんは今学期休学するみたい。
- サークルで彼女と知り合ったみたい。

6. 원인, 이유의 「て형」(~이어서, 때문에)

① 동사의 「て형」

- 昨日は疲れて、早く寝ました。
- 子供がけがをして、大変でした。
- 娘から電話があって、安心しました。
- 久しぶりに出かけて、嬉しかったです。
- とつぜん雨が降って、雨宿りをしました。

② イ형용사의 「て형」

- 嬉しくて、涙が出ました。
- 肉が硬くて、噛みにくい。
- 頭が痛くて、薬を飲みました。
- 暑くて、シャワーを浴びました。
- この椅子は丸くて、座りにくい。

연습문제

1. (예) お茶でも飲みませんか。
→ お茶でも飲まない？

(1) このケーキ食べませんか。

→ このケーキ＿＿＿＿＿＿＿＿＿＿＿＿＿＿＿＿。

(2) 何にしますか。

→ 何に＿＿＿＿＿＿＿＿＿＿＿＿＿＿＿＿＿＿。

(3) どこへ行きますか。

→ どこへ＿＿＿＿＿＿＿＿＿＿＿＿＿＿＿＿＿。

(4) この辞書、ちょっと貸してくれませんか。

→ この辞書、ちょっと＿＿＿＿＿＿＿＿＿＿＿＿。

(5) ケーキは要りませんか。

→ ケーキは＿＿＿＿＿＿＿＿＿＿＿＿＿＿＿＿。

2. (예) 少し休んでください。
→ 少し休まなければなりません。

(1) 時間を守ってください。

→ 時間を＿＿＿＿＿＿＿＿＿＿＿＿＿＿＿＿＿。

(2) レポートを出してください。

→ レポートを________________。

(3) あしたは朝8時に来てください。

→ あしたは朝8時に________________。

(4) レポートを書いてください。

→ レポートを________________。

(5) タクシーを呼んでください。

→ タクシーを________________。

3.

(예) 薬を飲みます。

→ 薬を飲まなきゃならない。

(1) 約束を守ります。

→ 約束を________________。

(2) レポートを出します。

→ レポートを________________。

(3) 迎えに行きます。

→ 迎えに________________。

(4) そろそろ帰ります。

→ そろそろ________________。

(5) 旅行の準備をします。

→ 旅行の準備を＿＿＿＿＿＿＿＿＿＿＿＿＿＿＿＿。

4.

(예) 忙しい。行かない。
→ 忙しくて、行きません。

(1) お金がない。買わない。

→ ＿＿＿＿＿＿＿＿＿＿＿＿＿＿＿＿＿＿＿＿＿＿。

(2) 肉が硬い。噛みにくい。

→ ＿＿＿＿＿＿＿＿＿＿＿＿＿＿＿＿＿＿＿＿＿＿。

(3) 椅子が丸い。座りにくい。

→ ＿＿＿＿＿＿＿＿＿＿＿＿＿＿＿＿＿＿＿＿＿＿。

(4) 嬉しい。涙が出た。

→ ＿＿＿＿＿＿＿＿＿＿＿＿＿＿＿＿＿＿＿＿＿＿。

(5) とても暑い。シャワーを浴びた。

→ ＿＿＿＿＿＿＿＿＿＿＿＿＿＿＿＿＿＿＿＿＿＿。

メモ

제 7 과

ちょっと考えさせてください。

기본문형

1. 私にやらせてください。
2. 踊(おど)りを見せてほしいのですが。
3. 駅に着いたら終電(しゅうでん)が出たあとでした。

朴(パク)　小島(こじま)さん、今度の学園祭(がくえんさい)に参加できますか。

小島　はい、何か私にできることがあったら、やらせてください。

朴　ありがとう。助(たす)かります。小島さんは日本舞踊(ぶよう)が上手だそうですね。できればこの学園祭で、ぜひみんなの前で踊りを見せてほしいのですが。

小島　踊りですか。…… 恥ずかしいので、ちょっと考えさせてください。

朴　みんなも私も楽しみにしてるんですよ。日本舞踊を紹介(しょうかい)してくれませんか。

小島　わかりました。みなさんにとってもいい機会(きかい)だと思いますし……。

がんばります。

朴　ありがとう。よろしく頼みます。

何か必要な準備があれば相談してください。

朴　学園祭はどうでしたか。

小島　いろいろなイベントがあって、おもしろかったです。韓国の学園祭は初めてなのでとても楽しかったです。

朴　小島さんの日本舞踊、本当にすばらしかったですよ。

小島　私、緊張してしまって、あまり上手にできなかったような……。

朴　いや、とてもすてきでしたよ。みんなもほめていたし、いろいろな方からとても好評でした。来年もぜひ踊ってください。

小島　わかりました。来年も韓国にいるなら喜んで。

ところで、学園祭は何時までやってたんですか。

朴　8時すぎまでにぎやかにやっていました。終わったあと、打ち上げにも参加したら、それで、帰りがずいぶん遅くなってしまって、親を心配させました。

小島　それは、相当(そうとう)遅くなったんですね。終電に間に合いましたか。

朴　駅に着いたら終電が出たあとだったので、タクシーを使いました。

小島　私は踊ったあと、すぐ帰りました。急いで日本に送らなければならないメールがあって。

朴　そうだったんですか。実は、打(う)ち上(あ)げに行くとき探したんですよ。

小島　すみませんでした。今度はぜひご一緒させてください。

새 단어와 발음연습

うちあげ(打ち上げ)	뒤풀이	じんせい(人生)	인생
おもいだす(思い出す)	생각나다	そうとう(相当)	상당
がくえんさい(学園祭)	학교 축제	たすかる(助かる)	도움이 되다
きかい(機会)	기회	つゆ(梅雨)	장마
きんちょう(緊張)	긴장	ひとこと(一言)	한마디 말
こうひょう(好評)	호평	ぶよう(舞踊)	무용, 춤
こてん(古典)	고전	やめる(辞める)	그만두다, 사직하다
さる(猿)	원숭이	よろこんで(喜んで)	기꺼이
しゅうでん(終電)	마지막 전차		

◎ 발음을 비교해 봅시다(탁음 / 유성음—청음)

〔A〕ガムを　かむ。

〔B〕ガラスの　うえに　からすが　いる。

문형연습

1. せる / させる(사역형)

(1) 1그룹 동사

① | 行く / 歌う | ⇨ | 行か / 歌わ | せる。

- 一言(ひとこと)言わせてください。
- 学生は先生を怒(おこ)らせました。
- むりやりお酒を飲ませました。
- この仕事は私にやらせてください。
- 太郎はガールフレンドを泣かせました。

(2) 2그룹 동사

② | 着る / 考える | ⇨ | 着 / 考え | させる。

- ちょっと考えさせてください。
- お母さんは子供を起きさせました。
- 3時におやつを食べさせてください。

○ 猿に着物を着させたらどうでしょうか。

○ 社長は田中さんに会社を辞めさせました。

(3) 3그룹 동사

③			
来る 勉強する	⇨	来(こ) 勉強	させる。

○ 彼も来させてください。

○ 無理に人を来させるのはよくないです。

○ 先生は言葉の使い方を練習させています。

○ 勉強したくない生徒に勉強させることはできません。

2. ~に とって(~에게 있어서 / 입장, 자격)

○ 子供は親にとって大事です。

○ 留学は彼にとって大きな夢です。

○ 学生にとってパソコンは必要なものです。

3. ~て ほしい(~해 줬으면 좋겠다 / 요구, 바람)

○ 古典を読んでほしいです。

○ 一緒に行ってほしいです。

○ 忙しいから手伝ってほしいです。

○ みんなの前で日本の踊りを見せてほしいです。

4. ば형(가정, 조건)

① 1그룹 동사(끝자 え단+ば)

- やればできます。
- 読めば分かります。
- 何を書けばいいのですか。

② 2그룹 동사(어간+れば)

- 見れば分かります。
- できれば早く帰りたいです。
- 梅雨(つゆ)が明(あ)ければ暑(あつ)くなります。
- 朝2時間早く起きれば人生(じんせい)が変(か)わります。

③ 3그룹 동사(불규칙)

- 練習(れんしゅう)すれば上手になります。
- 夏が来れば思(おも)い出(だ)すことがあります。

④ イ형용사(어간+ければ)

- 高ければ買いません。
- 忙しければ来なくてもいいです。
- 多ければ多いほどいいのです。

연습문제

1.

> (예) 本を読みます。
> → 本を読ませました。

(1) むりやりお酒を飲みます。

→ むりやりお酒を＿＿＿＿＿＿＿＿＿＿＿＿。

(2) お使いに行きます。

→ お使いに＿＿＿＿＿＿＿＿＿＿＿＿。

(3) 子供が泣きます。

→ 子供を＿＿＿＿＿＿＿＿＿＿＿＿。

(4) 先生が怒ります。

→ 先生を＿＿＿＿＿＿＿＿＿＿＿＿。

(5) 会社を辞めます。

→ 会社を＿＿＿＿＿＿＿＿＿＿＿＿。

(6) 3時におやつを食べます。

→ 3時におやつを＿＿＿＿＿＿＿＿＿＿＿＿。

(7) 猿が着物を着ます。

→ 猿に着物を＿＿＿＿＿＿＿＿＿＿＿＿。

(8) 歌を歌います。

→ 歌を＿＿＿＿＿＿＿＿＿＿＿＿。

(9) 田中さんも来ます。

→ 田中さんも＿＿＿＿＿＿＿＿＿＿＿＿＿＿＿＿。

(10) 子供が勉強します。

→ 子供に＿＿＿＿＿＿＿＿＿＿＿＿＿＿＿＿。

2.

> (예) 行きたいです。
> → 私に行かせてください。

(1) やりたいです。

→ 私に＿＿＿＿＿＿＿＿＿＿＿＿＿＿＿＿。

(2) 仕事を手伝いたいです。

→ 仕事を＿＿＿＿＿＿＿＿＿＿＿＿＿＿＿＿。

(3) 少し休みたいです。

→ 少し＿＿＿＿＿＿＿＿＿＿＿＿＿＿＿＿。

(4) ちょっと考えたいです。

→ ちょっと＿＿＿＿＿＿＿＿＿＿＿＿＿＿＿＿。

(5) 彼女に会いたいです。

→ 彼女に＿＿＿＿＿＿＿＿＿＿＿＿＿＿＿＿。

(6) 今日は早く帰りたいです。

→ 今日は早く＿＿＿＿＿＿＿＿＿＿＿＿＿＿＿＿。

(7) この電話を使いたいです。

→ この電話を＿＿＿＿＿＿＿＿＿＿＿＿＿＿＿＿。

(8) 一言言いたいです。

→ 私に一言＿＿＿＿＿＿＿＿＿＿＿＿＿＿＿＿。

(9) テレビを見たいです。

→ 私にテレビを＿＿＿＿＿＿＿＿＿＿＿＿＿＿＿＿。

(10) 読みたいです。

→ 私に＿＿＿＿＿＿＿＿＿＿＿＿＿＿＿＿。

3.

(예) 目を見る。分かる。 → 目を見れば分かります。

(1) 新聞を読む。分かる。

→ 新聞を＿＿＿＿＿＿＿＿＿＿＿＿＿＿＿＿。

(2) 毎日運動をする。体調が良くなる。

→ 毎日運動を＿＿＿＿＿＿＿＿＿＿＿＿＿＿＿＿。

(3) 梅雨が明ける。暑くなる。

→ 梅雨が＿＿＿＿＿＿＿＿＿＿＿＿＿＿＿＿。

(4) 本を読まない。分からない。

→ 本を＿＿＿＿＿＿＿＿＿＿＿＿＿＿＿＿。

(5) 早い。来年アメリカへ行く。

→ ＿＿＿＿＿＿＿＿＿＿＿＿＿＿＿＿＿＿＿＿＿＿＿。

(6) カーテンを開ける。大きな窓がある。

→ カーテンを＿＿＿＿＿＿＿＿＿＿＿＿＿＿＿＿＿＿。

(7) できる。早く帰りたい。

→ ＿＿＿＿＿＿＿＿＿＿＿＿＿＿＿＿＿＿＿＿＿＿＿。

(8) 忙しい。来なくてもいい。

→ ＿＿＿＿＿＿＿＿＿＿＿＿＿＿＿＿＿＿＿＿＿＿。

(9) 夏が来る。思い出すことがある。

→ 夏が＿＿＿＿＿＿＿＿＿＿＿＿＿＿＿＿＿＿＿＿＿。

(10) あまりにも暑い。クーラーを付けてもいい。

→ あまりにも＿＿＿＿＿＿＿＿＿＿＿＿＿＿＿＿＿＿。

4.

(예) 今度こそ合格する。 → 今度こそ合格してほしいです。

(1) 今度こそ勝つ。

→ 今度こそ＿＿＿＿＿＿＿＿＿＿＿＿＿＿＿＿＿＿＿。

(2) これを買う。

→ これを＿＿＿＿＿＿＿＿＿＿＿＿＿＿＿＿＿＿＿＿。

(3) 人を理解する。

→ 人を＿＿＿＿＿＿＿＿＿＿＿＿＿＿＿＿＿＿＿＿。

(4) 漢字の読み方を教える。

→ 漢字の読み方を＿＿＿＿＿＿＿＿＿＿＿＿＿＿＿。

(5) 古典を読む。

→ 古典を＿＿＿＿＿＿＿＿＿＿＿＿＿＿＿＿＿＿＿。

メモ

제 8 과

傘(かさ)を忘れてしまいました。

기본문형

1. 風邪をひかないように。
2. 寝ぼうをしてしまいました。
3. 気を付けないといけませんね。

安藤(あんどう)　そんなにぬれて、どうしたんですか。

李(イ)　傘を電車に忘れてしまって、走ってきました。

安藤　それは大変でしたね。風邪をひかないようにしてください。

李　座ってメールを書いているうちに気付(きづ)いたら駅で、それで急いで降りたら、傘を忘れてしまいました。

安藤　降りたあとに気が付くんですよね。私もよく忘れ物をするので、傘なんて何本(なんぼん)も無(な)くしています。今回は残念(ざんねん)でしたね。

李　　二人とも、もっと気を付けないといけませんね。

安藤　あ、そういえば、林先生のレポートの締め切りはいつでしたっけ。

李　　来週の月曜日だと思います。もう書き終わりましたか。

安藤　昨日の夜になんとか、完成させました。

李　　早いですね。私もそろそろ書きはじめないと。

安藤　週末に合宿があるので、今のうちにやっておかないと時間がないと思って。でも夕べ、遅くまでやったら、寝ぼうをしてしまいました。

李　　頑張ったんですね。じゃ、朝ごはんを食べる時間もなかったんじゃないですか。早めにお昼ごはんにしましょうか。

安藤　いいですね。実はおなかぺこぺこなんです。どこの食堂で食べましょうか。

李　学生会館の方へ行きますか。お昼まではまだ少し時間がありますから、今から行くとすいているかもしれませんね。

安藤　ところが最近は、遅く起きて朝ごはんをろくに食べないで来る学生が多く、お昼の前に食堂を利用(りよう)するらしいんですよ。私みたいに。だから、この時間でも混むかもしれませんね。

李　それなら、なおさら午前中(ごぜんちゅう)に行かないと。急ぎましょう。学生会館の食堂は安いし、味も悪くないので、人がすぐに集まりますからね。

安藤　食堂まで傘を貸しますよ。一緒にさしましょう。

李　どうもありがとう。助かります。

새 단어와 발음연습

あつまる(集まる)	모이다, 모여들다	なんぼん(何本)	몇 자루 (가늘고 긴 것)
かんせい(完成)	완성	ぬれる(濡れる)	젖다
がんばる(頑張る)	끝까지 노력하다	ばける(化ける)	모습이 바뀌다
きづく(気付く)	눈치 채다 알아차리다	めぐりあう(巡り合う)	우연히 만나다
ごぜんちゅう(午前中)	오전 중	もじ(文字)	글자, 문자
さす(差す)	(우산을)쓰다	やくそく(約束)	약속
ざんねんだ(残念だ)	아쉽다, 유감스럽다	りよう(利用)	이용
なくす(無くす)	분실하다, 없애다		

◎ 발음을 비교해 봅시다(탁음 / 유성음—청음)

〔A〕だいがく(大学)を　たいがく(退学)した。

〔B〕いど(井戸)に いと(糸)を　おとした。

문형연습

1. ~て しまう(~해버리다 / 완료, 아쉬움 등을 나타냄)

- 本を最後まで読んでしまいました。
- 気に入ったので、買ってしまった。
- 約束(やくそく)をすっかり忘(わす)れてしまいました。
- ページの文字(もじ)が化(ば)けてしまいました。
- キーを部屋に置いたまま出てしまった。

2. 동사(사전형 / ない형) + と(~하면 / 가정, 조건)

- そろそろレポートを書き始めないと。
- もっと気をつけないといけませんね。
- 今から食堂へ行くと、すいているかもしれません。
- 仕事は今のうちにやっておかないと時間がありません。

3. 동사(사전형 / ない형) + ように(~하도록 / 목적)

- 遅れないように、急いでください。

- 太(ふと)らないように運動しています。
- 今年はいい人に巡(めぐ)り合(あ)えますように。
- かぜをひかないように、気をつけてください。
- よく聞こえるように、大きな声で話してください。

4. ~らしい(~인 모양이다, ~인 듯하다 / 불확실한 단정)

- 彼はもう帰ったらしい。
- 花子(はなこ)は会社を辞めたらしい。
- 隣の子はよく勉強するらしい。
- この店のケーキはおいしいらしい。
- 彼は一人で住んでいるらしいです。

연습문제

1. (예) 寝ぼうをした。
→ 寝ぼうをしてしまいました。

(1) 酒を飲みました。

→ 酒を＿＿＿＿＿＿＿＿＿＿＿＿＿＿。

(2) 気に入ったので、買いました。

→ 気に入ったので、＿＿＿＿＿＿＿＿＿＿＿＿＿＿。

(3) 彼に言いました。

→ 彼に＿＿＿＿＿＿＿＿＿＿＿＿＿＿＿＿＿＿＿＿。

(4) 約束をすっかり忘れました。

→ 約束をすっかり＿＿＿＿＿＿＿＿＿＿＿＿＿＿。

(5) キーを部屋に置いたまま出ました。

→ キーを部屋に置いたまま＿＿＿＿＿＿＿＿＿＿。

(6) 人の足を踏みました。

→ 人の足を＿＿＿＿＿＿＿＿＿＿＿＿＿＿＿＿＿＿。

(7) 全部食べました。

→ 全部＿＿＿＿＿＿＿＿＿＿＿＿＿＿＿＿＿＿＿＿。

(8) 彼の顔を見ました。

→ 彼の顔を＿＿＿＿＿＿＿＿＿＿＿＿＿＿＿＿＿＿。

(9) ページの文字が化けました。

→ ページの文字が＿＿＿＿＿＿＿＿＿＿＿＿＿＿＿。

(10) 財布をなくしました。

→ 財布を＿＿＿＿＿＿＿＿＿＿＿＿＿＿＿＿＿＿＿。

2.

(예) 遅れます。急いでください。 → 遅れないように、急いでください。

(1) よく聞こえません。大きな声で話してください。

→ ＿＿＿＿＿＿＿＿、大きな声で話してください。

(2) かぜをひきます。気をつけてください。

→ かぜを＿＿＿＿＿＿＿＿、気をつけてください。

(3) 朝おそく起きます。夜早く寝ます。

→ 朝おそく＿＿＿＿＿＿＿＿、夜早く寝ます。

(4) 雨に濡れます。傘を持って行きます。

→ 雨に＿＿＿＿＿＿＿＿、傘を持って行きます。

(5) 無理をする。気をつけてください。

→ 無理を＿＿＿＿＿＿＿＿、気をつけてください。

(6) 傘をなくす。気をつけてください。

→ 傘を＿＿＿＿＿＿＿＿、気をつけてください。

(7) 約束を忘れます。メモをします。

→ 約束を＿＿＿＿＿＿＿＿、メモをします。

(8) 太ります。運動をします。

→ ＿＿＿＿＿＿＿＿、運動をします。

(9) まけます。がんばってください。

→ ＿＿＿＿＿＿＿＿、がんばってください。

(10) 寝ぼうをします。早く寝てください。

→ 寝ぼうを＿＿＿＿＿＿＿＿、早く寝てください。

3.

(예) この店のコーヒー、おいしいです。
→ この店のコーヒー、おいしいらしい。

(1) 花子は会社を辞めました。

→ 花子は会社を＿＿＿＿＿＿＿＿＿＿＿＿。

(2) 彼は元気です。

→ 彼は＿＿＿＿＿＿＿＿＿＿＿＿。

(3) 木村さんはもう帰りました。

→ 木村さんはもう＿＿＿＿＿＿＿＿＿＿＿＿。

(4) 納豆は体にいいです。

→ 納豆は体に＿＿＿＿＿＿＿＿＿＿＿＿。

(5) 日本は寒いです。

→ 日本は＿＿＿＿＿＿＿＿＿＿＿＿。

4.

(예) あしたは雨が降ります。
→ あしたは雨が降らないらしいです。

(1) 木村さんは来ています。

→ 木村さんは＿＿＿＿＿＿＿＿＿＿＿＿。

(2) 彼は中国人です。

→ 彼は＿＿＿＿＿＿＿＿＿＿＿＿＿＿＿＿。

(3) 彼女は暇です。

→ 彼女は＿＿＿＿＿＿＿＿＿＿＿＿＿＿＿。

(4) 和子さんはまじめな学生です。

→ 和子さんは＿＿＿＿＿＿＿＿＿＿＿＿＿。

(5) 金さんも行きました。

→ 金さんも＿＿＿＿＿＿＿＿＿＿＿＿＿＿。

メモ

제 9 과

教えていただき、助かりました。

기본문형

1. 最新のファッションを安く買える。
2. 駅の近くにあって交通の便(べん)が良い。
3. 色々と教えていただき、助かりました。

徐(ソ)　今度の休みに東京観光をしようと思うのですが、行き先に悩(なや)みます。

加藤(かとう)　どういうところに行きたいんですか。

徐　東京で10代の若い子に人気のある観光スポットはどこですか。

加藤　原宿(はらじゅく)だと思います。買い物をするならば、竹下通(たけしたどお)りがお勧(すす)めです。

徐　あ、ガイドブックで読んだことがあります。

加藤　最新のファッションを安く買えるので、中高生に人気ですよ。すごい人通(ひとどお)りですけど。

徐　　週末だとものすごく混みそうですね。少し大人向けのお店だと、どこがいいですか。

加藤　裏原宿やキャットストリートのあたりは雰囲気が変わります。表参道の東急プラザや表参道ヒルズも変わった建物でお勧めです。

徐　　買い物以外では、原宿周辺でお勧めの場所はありますか。

加藤　明治神宮と代々木公園ですね。

徐　　明治神宮は大きい神社だと聞きました。お正月の初もうでが有名ですよね。

加藤　そうですね。約10万本の木があって、緑いっぱいでとても広いところです。普段は外国人観光客も多いですよ。

徐　　代々木公園はどんな感じですか。

加藤　同じように木が多くて広い公園です。駅の近くにあって交通の便が良いので、特に休日にはたくさんの人が集まってきます。

徐　　木の下を歩けるなら、散歩(さんぽ)に良さそうですね。

加藤　犬と散歩をする人や、ジョギングをする人、芝生(しばふ)でのんびりと過ごしている人、色々な人がいます。演劇(えんげき)や楽器(がっき)の練習をする人もいますよ。

徐　　そうですか。原宿は色々あって楽しめそうですね。
それでは、今度原宿へ行ってみます。
午前中にショッピングをして、午後は代々木公園を散歩してみます。

加藤　良いプランだと思います。それでは楽しんできてください。

徐　　色々と教えていただき、助かりました。ありがとうございました。

새 단어와 발음연습

いざかや(居酒屋)	선술집	さくひん(作品)	작품
うら(裏)	뒤, (옷의) 안	しばふ(芝生)	잔디
えんげき(演劇)	연극	しゃみせん(三味線)	샤미센 (일본 전통 악기)
えんそう(演奏)	연주	すすめる(勧める)	권하다
がっき(楽器)	악기	ぜったい(絶対)	절대
かぶき(歌舞伎)	가부키	なやむ(悩む)	고민하다
かんこうきゃく(観光客)	관광객	ひく(弾く)	연주하다, 켜다
きっぷ(切符)	표, 입장권	ひとどおり(人通り)	사람의 왕래
こうどう(行動)	행동	ふんいき(雰囲気)	분위기
こくさい(国際)	국제	りかい(理解)	이해

발음을 비교해 봅시다(요음-직음)

〔A〕りょう(寮)を　りよう(利用)　する。

〔B〕びようし(美容師)が　びょうし(病死)　する。

문형연습

1. 희망 표현

① 「ます형」+たい(~하고 싶다)

動詞	⇨	ます形		⇨		
遊ぶ なる 食べる する 来る	⇨	遊び なり 食べ し 来	ます。	⇨	遊び なり 食べ し 来	たい(です)。

- 映画が見たいです。
- この店はまた来たいですね。
- 冷たいビールが飲みたいです。
- 私は日本語が上手になりたいです。
- 好きな人にワインをプレゼントしたいです。

② 「ます형」+たがる / たがっている(~하고 싶어 하다 / 제3자의 희망)

- 彼は花子と結婚したがっています。

- 妹は富士山(ふじさん)へ行きたがっています。
- 花子(はなこ)は金さんに会いたがっています。
- 弟(おとうと)は日本語の先生になりたがっています。
- 友だちは韓国のドラマを見たがっています。

2. 가능 표현

① 1그룹 동사

読む 行く	⇨	読める 行ける

- それは絶対(ぜったい)に許(ゆる)せません。
- 金さんは自転車に乗れますか。
- 木村さんはピアノが弾(ひ)けますか。
- 山田さんはハングルが書けますか。
- ネットでも歌舞伎(かぶき)の切符(きっぷ)が買えますか。
- 渋谷(しぶや)には三味線(しゃみせん)の演奏(えんそう)が聞ける居酒屋(いざかや)がある。

② 2그룹 동사

起き 答え	る。	⇨	起き 答え	られる。

- それは信じられません。

○ 日本語で答えられますか。

○ それは考えられないことです。

○ 金さんは納豆(なっとう)が食べられますか。

○ この部屋で国際電話がかけられますか。

③ 3그룹 동사

する 来る	⇨	できる 来(こ)られる

○ 木村さんの行動(こうどう)が理解(りかい)できません。

○ あしたのパーティーに来られますか。

○ あなたはあしたのゼミに出席できますか。

3. (～て / で) いただく

(타인의 호의에 의해서 화자에게 이익이 되는 상황을 나타냄)

○ これが先生にほめていただいた作品(さくひん)です。

○ 毎度、教えていただき、ありがとうございます。

○ サンプルを送っていただきまして、ありがとうございます。

○ せっかく来ていただいたのですが、主人は今おりません。

○ お忙しい中(なか)、集(あつ)まっていただきまして、本当にありがとうございます。

연습문제

1.
(예) 映画を見る。
→ 映画が見たいです。

(1) プルゴギを食べる。

→ プルゴギが＿＿＿＿＿＿＿＿＿＿＿＿＿＿。

(2) 日本で勉強する。

→ 日本で＿＿＿＿＿＿＿＿＿＿＿＿＿＿。

(3) 彼女に会う。

→ 彼女に＿＿＿＿＿＿＿＿＿＿＿＿＿＿。

(4) 今年こそ富士山に登る。

→ 今年こそ富士山に＿＿＿＿＿＿＿＿＿＿＿＿＿＿。

(5) ヨーロッパに行く。

→ ヨーロッパに＿＿＿＿＿＿＿＿＿＿＿＿＿＿。

(6) 日本語で話す。

→ 日本語で＿＿＿＿＿＿＿＿＿＿＿＿＿＿。

(7) 先生に見せる。

→ 先生に＿＿＿＿＿＿＿＿＿＿＿＿＿＿。

(8) 花子と結婚する。

→ 花子と＿＿＿＿＿＿＿＿＿＿＿＿＿＿＿＿。

(9) 水を飲む。

→ 水が＿＿＿＿＿＿＿＿＿＿＿＿＿＿＿＿。

(10) 音楽を聞く。

→ 音楽が＿＿＿＿＿＿＿＿＿＿＿＿＿＿＿＿。

2.

(예) 水を飲む。 → 子供は水を飲みたがっています。

(1) 彼は恋人に会う。

→ 彼は恋人に＿＿＿＿＿＿＿＿＿＿＿＿＿＿＿＿。

(2) 金さんは日本人と話す。

→ 金さんは日本人と＿＿＿＿＿＿＿＿＿＿＿＿＿＿＿＿。

(3) 弟は日本語の先生になる。

→ 弟は日本語の先生に＿＿＿＿＿＿＿＿＿＿＿＿＿＿＿＿。

(4) 友だちはアドバイスを聞く。

→ 友だちはアドバイスを＿＿＿＿＿＿＿＿＿＿＿＿＿＿＿＿。

(5) 子供は日本へ行く。

→ 子供は日本へ＿＿＿＿＿＿＿＿＿＿＿＿＿＿＿＿。

3.

(예) ハングルを書く。
→ ハングルが書けます。

(1) 木村さんはハングルを読む。

→ 木村さんはハングルが＿＿＿＿＿＿＿＿＿＿。

(2) 弟は自転車に乗る。

→ 弟は自転車に＿＿＿＿＿＿＿＿＿＿。

(3) 今日は早く帰らない。

→ 今日は早く＿＿＿＿＿＿＿＿＿＿。

(4) それは絶対に許さない。

→ それは絶対に＿＿＿＿＿＿＿＿＿＿。

(5) 妹はピアノを弾く。

→ 妹はピアノが＿＿＿＿＿＿＿＿＿＿。

(6) 山田さんは海で泳ぐ。

→ 山田さんは海で＿＿＿＿＿＿＿＿＿＿。

(7) 子供が一人で歩く。

→ 子供は一人で＿＿＿＿＿＿＿＿＿＿。

(8) 米田さんは韓国の歌を歌う。

→ 米田さんは韓国の歌が＿＿＿＿＿＿＿＿＿＿。

(9) 朴さんは日本語を話す。

→ 朴さんは日本語が＿＿＿＿＿＿＿＿＿＿。

(10) 納豆はスーパーで買う。

→ 納豆はスーパーで＿＿＿＿＿＿＿＿＿＿＿＿＿＿＿＿。

4.

(예) 納豆を食べる。

→ 私は納豆が食べられます。

(1) 木村さんを信じる。

→ 木村さんが＿＿＿＿＿＿＿＿＿＿＿＿＿＿＿＿＿＿＿＿。

(2) 日本のテレビを見る。

→ 日本のテレビが＿＿＿＿＿＿＿＿＿＿＿＿＿＿＿＿＿＿。

(3) 国際電話をかける。

→ 国際電話が＿＿＿＿＿＿＿＿＿＿＿＿＿＿＿＿＿＿＿＿。

(4) あしたは来ない。

→ あしたは＿＿＿＿＿＿＿＿＿＿＿＿＿＿＿＿＿＿＿＿＿。

(5) 私はスキーをしない。

→ 私はスキーが＿＿＿＿＿＿＿＿＿＿＿＿＿＿＿＿＿＿＿。

(6) あしたは朝6時に起きる。

→ あしたは朝6時に＿＿＿＿＿＿＿＿＿＿＿＿＿＿＿＿＿。

(7) この窓は開けない。

→ この窓は＿＿＿＿＿＿＿＿＿＿＿＿＿＿＿＿＿＿＿＿＿。

(8) これ以上は食べない。

→ これ以上は＿＿＿＿＿＿＿＿＿＿＿＿＿＿＿＿。

(9) あしたのゼミに出席する。

→ あしたのゼミに＿＿＿＿＿＿＿＿＿＿＿＿＿＿。

(10) それは答えない。

→ それは＿＿＿＿＿＿＿＿＿＿＿＿＿＿＿＿＿。

5.

(예) 木村先生が日本の歌を歌った。 → 木村先生に日本の歌を歌っていただきました。

(1) 米田さんがサンプルを送った。

→ 米田さんにサンプルを＿＿＿＿＿＿＿＿＿＿。

(2) 先生がほめた。

→ 先生に＿＿＿＿＿＿＿＿＿＿＿＿＿＿＿＿＿。

(3) 山田さんが来た。

→ 山田さんに＿＿＿＿＿＿＿＿＿＿＿＿＿＿＿。

(4) 木村さんが手伝った。

→ 木村さんに＿＿＿＿＿＿＿＿＿＿＿＿＿＿＿。

(5) 朴さんが韓国語を教えた。

→ 朴さんに韓国語を＿＿＿＿＿＿＿＿＿＿＿＿。

メモ

제 10 과

タクシーを呼んでもらいたいんですが。

기본문형

1. お持ちになってください。
2. ご予約を確認いたします。
3. タクシーを呼んでもらいたい。

フロント　いらっしゃいませ。

金　先週予約した金です。

フロント　金様でいらっしゃいますね。ご予約を確認いたしますので少々お待ちください。金・ヘミ様でお間違いないでしょうか。

金　はい、そうです。

フロント　お待たせいたしました。部屋は507号室で、こちらが部屋のキーでございます。部屋のキーはカードキー差し込み式となっております。

金　これは差し込むだけでいいんですか。

フロント　はい、その通りでございます。差し込むだけでドアが開きます。

金	出るときはどうすればいいですか。
フロント	お出かけの際は、キーを使わずにドアを閉めるだけで大丈夫でございます。その際は、必ずカードキーをお持ちになってお出かけください。もし、キーを部屋に置いたまま外に出てしまわれた場合には、フロントまでご連絡(れんらく)ください。
金	わかりました。それから明日、朝食を食べたいんですが、 何時頃から食べられますか。
フロント	朝7時からとなっております。
金	どんなメニューがありますか。
フロント	和食(わしょく)と洋食(ようしょく)がございますが、どちらがよろしいでしょうか。
金	じゃ、和食でお願いします。

フロント　和食には納豆がつきますが、大丈夫でしょうか。

金　ええ、大丈夫です。食堂は何階にありますか。

フロント　「サクラ」というレストランが2階右側(みぎがわ)にございます。

金　わかりました。ついでに、あしたの朝7時にモーニングコールをお願いしたいんですが。

フロント　はい、かしこまりました。

金　それから朝9時にタクシーも呼んでもらいたいんですが。

フロント　はい、朝9時でございますね。かしこまりました。

새 단어와 발음연습

あしもと(足下)	발밑, 주변	せんもん(専門)	전문
えんりょ(遠慮)	조심함, 삼감	ちゅうい(注意)	주의
がいぶ(外部)	외부	なんかい(何階)	몇 층
かくにん(確認)	확인	ねんがじょう(年賀状)	연하장
かりる(借りる)	빌리다	ぶじだ(無事だ)	무사하다
きない(機内)	기내	ぶちょう(部長)	부장
きにゅう(記入)	기입	みぎがわ(右側)	오른쪽
きょうだい(兄弟)	형제	ようしょく(洋食)	양식
さき(先)	행선지, 끝, 앞	よやく(予約)	예약
さしこむ(差し込む)	꽂다	りゅうがく(留学)	유학
じむしつ(事務室)	사무실	れんらく(連絡)	연락
しゃちょう(社長)	사장	わしょく(和食)	일식
しゅみ(趣味)	취미		

◎ 발음을 비교해 봅시다(촉음-직음)

〔A〕きってを　もって　きてください。

〔B〕金さんが　べんきょう しているのを　しっていますか。

문형연습

1. ~て(で) もらいたい(타인이 그렇게 해주기를 바라는 화자의 희망표현)

- ○ みんなに読んでもらいたい本です。
- ○ 子供だちに思いっきり遊んでもらいたい。
- ○ 中高年にこそ飲んでもらいたい飲み物です。
- ○ 留学先(りゅうがくさき)から無事(ぶじ)に帰ってきてもらいたいです。
- ○ おいしいお茶の入れ方を教えてもらいたいですね。

2. お+동사「ます형」+になる(경의가 높은 존경의 의미를 나타냄)

- ○ 先生、何とお話しになりましたか。
- ○ 社長(しゃちょう)はもうお帰りになりましたか。
- ○ 年賀状(ねんがじょう)はもうお書きになりましたか。
- ○ 先生は新聞をお読みになりますか。
- ○ 明日の会議についてお聞きになりましたか。
- ○ このバスに初めてお乗りになる方はどなたですか。

3. 존경어 전용동사

いらっしゃる	「行く / 来る / いる」의 존경어
召(め)し上(あ)がる	「食べる / 飲む」의 존경어
おっしゃる	「言う」의 존경어
ご覧(らん)になる	「見る」의 존경어
なさる	「する」의 존경어
くださる	「くれる」의 존경어

- 15ページをご覧ください。
- 先生が教えてくださいました。
- どうぞ、召し上がってください。
- 先生、何とおっしゃったんですか。
- 毎朝、ジョギングをなさいますか。
- 先生もコンパにいらっしゃいますか。

4. 존경의 의미를 나타내는 접두어「お / ご」

① お+고유일본어(和語)

- お名前は何ですか。
- 明日お忙しいですか。
- お住(す)まいはどちらですか。

(예) お若(わか)い, お暇(ひま), お仕事(しごと), お久(ひさ)しぶり……

② ご+한자어(漢語)

○ ご趣味は何ですか。

○ ご専門は何ですか。

○ ご兄弟は何人ですか。

(예) ご両親, ご家族, ご紹介, ご案内, ご注意, ご記入, ご出席

ご検討, ご協力, ご参考, ご注文……

③ 예외

○ 部長！ お電話です。

○ お時間のある方はどうぞ。

○ 先生はお散歩から帰ってきました。

(예) ごゆっくり, お食事……

5. ずに(「~ないで」보다 다소 딱딱한 느낌을 주며 주로 문장체에서 사용됨)

○ あくまで外部の力を借りずにやっていく。

○ 日本へ行かずに、日本語ができるようになりたいです。

○ 朝ごはんを食べずに、ダイエットするのは体によくない。

6. **ご + 한자어 명사 + ください**(「~て ください」의 존경표현)

記入 案内 紹介	して ください。	⇨	ご記入 ご案内 ご紹介	ください。

- 足下にご注意ください。
- 事務室の朴さんにご連絡ください。
- 機内では、たばこはご遠慮ください。

연습문제

1.
(예) 本を読む。
→ 本を読んでもらいたいです。

(1) 日本語を勉強する。

→ 日本語を＿＿＿＿＿＿＿＿＿＿＿＿＿＿。

(2) マニュアルを送る。

→ マニュアルを＿＿＿＿＿＿＿＿＿＿＿＿＿＿。

(3) 今日は早く帰らせる。

→ 今日は早く＿＿＿＿＿＿＿＿＿＿＿＿＿＿。

(4) 学生たちに尊敬される先生になる。

→ 学生たちに尊敬される＿＿＿＿＿＿＿＿＿＿＿＿＿＿。

(5) こちらの気持ちがわかる。

→ こちらの気持ちが＿＿＿＿＿＿＿＿＿＿＿＿＿＿。

2.

(예) 社長はもう帰りましたか。

→ 社長はもうお帰りになりましたか。

(1) 年賀状はもう書きましたか。

→ 年賀状はもう＿＿＿＿＿＿＿＿＿＿＿＿＿＿。

(2) 今日の新聞は読みましたか。

→ 今日の新聞は＿＿＿＿＿＿＿＿＿＿＿＿＿＿。

(3) 明日の会議について聞きましたか。

→ 明日の会議について＿＿＿＿＿＿＿＿＿＿＿＿＿＿。

(4) スープは飲みましたか。

→ スープは＿＿＿＿＿＿＿＿＿＿＿＿＿＿。

(5) 昨日、カメラを買いましたか。

→ 昨日、カメラを＿＿＿＿＿＿＿＿＿＿＿＿＿＿。

3.

(예) 先生もコンパに来ますか。

→ 先生もコンパにいらっしゃいますか。

(1) 先生も明日のコンパに行きますか。

→ 先生も明日のコンパに＿＿＿＿＿＿＿＿＿＿＿＿。

(2) 先生、先ほど何と話しましたか。

→ 先生、先ほど何と＿＿＿＿＿＿＿＿＿＿＿＿。

(3) どうぞ、食べてください。

→ どうぞ＿＿＿＿＿＿＿＿＿＿＿＿＿＿＿＿。

(4) 毎朝、ジョギングをしますか。

→ 毎朝、ジョギングを＿＿＿＿＿＿＿＿＿＿＿。

(5) 先生が教えてくれました。

→ 先生が教えて＿＿＿＿＿＿＿＿＿＿＿＿＿。

4.

> (예) 名前は何ですか。
> → お名前は何ですか。

(1) 元気ですか。

→ ＿＿＿＿＿＿＿＿ですか。

(2) 先生は散歩から帰ってきました。

→ 先生は＿＿＿＿＿＿＿＿から帰ってきました。

(3) 時間のある方はどうぞ。

→ ＿＿＿＿＿＿＿＿のある方はどうぞ。

(4) 奥さんは若いですね。

→ 奥さんは＿＿＿＿＿＿＿＿＿＿ですね。

(5) 趣味は何ですか。

→ ＿＿＿＿＿＿＿＿＿＿は何ですか。

(6) 家族は何人ですか。

→ ＿＿＿＿＿＿＿＿＿＿は何人ですか。

(7) 明日忙しいですか。

→ 明日＿＿＿＿＿＿＿＿＿＿ですか。

(8) 専門は何ですか。

→ ＿＿＿＿＿＿＿＿＿＿は何ですか。

(9) ゆっくりどうぞ。

→ ＿＿＿＿＿＿＿＿＿＿どうぞ。

(10) 住まいはどちらですか。

→ ＿＿＿＿＿＿＿＿＿＿はどちらですか。

5.

(예) 案内してください。 → ご案内ください。

(1) 理解してください。

→ ＿＿＿＿＿＿＿＿＿＿＿＿＿＿＿＿。

(2) 説明してください。

→ ＿＿＿＿＿＿＿＿＿＿＿＿＿＿＿＿＿＿＿＿。

(3) 紹介してください。

→ ＿＿＿＿＿＿＿＿＿＿＿＿＿＿＿＿＿＿＿＿。

(4) 注意してください。

→ ＿＿＿＿＿＿＿＿＿＿＿＿＿＿＿＿＿＿＿＿。

(5) 記入してください。

→ ＿＿＿＿＿＿＿＿＿＿＿＿＿＿＿＿＿＿＿＿。

(6) 出席してください。

→ ＿＿＿＿＿＿＿＿＿＿＿＿＿＿＿＿＿＿＿＿。

(7) 検討してください。

→ ＿＿＿＿＿＿＿＿＿＿＿＿＿＿＿＿＿＿＿＿。

(8) 協力してください。

→ ＿＿＿＿＿＿＿＿＿＿＿＿＿＿＿＿＿＿＿＿。

(9) 参考してください。

→ ＿＿＿＿＿＿＿＿＿＿＿＿＿＿＿＿＿＿＿＿。

(10) 注文してください。

→ ＿＿＿＿＿＿＿＿＿＿＿＿＿＿＿＿＿＿＿＿。

メモ

제 11 과

お電話かわりました。

기본문형

1. 課長、お電話です！
2. 後楽園の夜景が見られます。
3. 午後4時までには戻ると思います。

社員　もしもし、住友の渡辺です。

取引先　こちらは本田の高橋ですが、木村課長をお願いできますか。

社員　申し訳ありませんが、木村は只今席を外しておりまして……。

取引先　では、何時ごろ戻られますか。

社員　そうですね。午後4時までには戻ると思います。

取引先　わかりました。またお電話いたします。

社員　もしもし、住友の渡辺です。

取引先　午前中にお電話差し上げた本田の高橋ですが、木村課長をお願いできますか。

社員　はい、少々お待ちください。
課長、本田の高橋さんからお電話です。

課長　ありがとう。
お電話かわりました。木村です。

取引先　本田の高橋です。お元気でしょうか。

課長　はい、おかげさまで元気です。

取引先　それは何よりですね。
実は注文(ちゅうもん)の件(けん)で、ご相談したいことがあるんですが、明日のご都合(つごう)はいかがでしょうか。

課長　午前中には他の用事(ようじ)があるんですが、午後でしたら空(あ)いています。

取引先　午後は私も会議が入っておりまして、夕方(ゆうがた)はいかがでしょうか。

課長　夕方でも大丈夫です。久(ひさ)しぶりに食事でもしながらお話ししましょう。

取引先　それはいいですね。場所はどちらがよろしいでしょうか。

課長　うちの会社の近くはいいお店があまりないんですが、高橋さんの会社から近い水道橋(すいどうばし)あたりはどうですか。

取引先　水道橋あたりは静かでおいしいお店がたくさんありますけど、高橋課長の会社からはちょっと遠くなってしまいませんか。

課長　まあ、どうせ帰宅のためには水道橋で都営三田線(とえいみたせん)に乗り換えしなければならないので、大丈夫です。

取引先　それはいいですね。後楽園の夜景が見られる得意先(とくいさき)のお店に予約をしておきます。

課長　お店の電話番号や地図(ちず)をケータイに送っていただけますか。

取引先　はい、すぐお送り致します。

では、明日お目にかかります。

課長　ありがとうございます。

새 단어와 발음연습

おかし(お菓子)	과자	つごう(都合)	형편, 사정
かちょう(課長)	과장	とくいさき(得意先)	단골집, 단골 손님
かっこく(各国)	각국	とりひきさき(取引先)	거래처
ことば(言葉)	말, 언어	なくなる(亡くなる)	「死ぬ」의 완곡한 표현
さそう(誘う)	권유하다	はずす(外す)	(자리를) 비우다
すいせん(推薦)	추천	ほんやく(翻訳)	번역
せいしょ(聖書)	성서	もどる(戻る)	되돌아 오(가)다
そうだん(相談)	상담	やけい(夜景)	야경
ただいま(只今)	지금, 방금	ゆうがた(夕方)	저녁 때
ちず(地図)	지도	ゆうべ(夕べ)	어제 밤
ちゅうもん(注文)	주문	ようじ(用事)	용무, 볼일

발음을 비교해 봅시다(청음—탁음 / 유성음)

〔A〕かんこく(韓国)の かんごく(監獄)も　せまい。

〔B〕ここは　ごご(午後)が　ながい。

문형연습

1. れる / られる(존경과 수동의 의미를 나타내는 조동사)

① 존경의 의미

동사종류	사전형	れる / られる (존경형)
1그룹 동사	読む 行く	読まれる 行かれる
2그룹 동사	起きる 答える	起きられる 答えられる
3그룹 동사	する 来る	される 来(こ)られる

- 食事されましたか。
- 先生も来られますか。
- 木村課長はもう帰られましたか。
- このカメラはいつ買われましたか。
- 山田先生が夕(ゆう)べ亡(な)くなられました。
- それについて先生が答えられます。
- 先生は今朝、何時に起きられましたか。

② 수동의 의미

동사종류	사전형	れる / られる (수동형)
1그룹 동사	聞く 呼ぶ	聞かれる 呼ばれる
2그룹 동사	感じる ほめる	感じられる ほめられる
3그룹 동사	する 来る	される 来られる

- 課長からいろいろ聞かれました。
- これは先生に推薦された本です。
- 聖書は各国の言葉に翻訳された。
- 木村さんに見られてしまいました。
- この建物は10年前に建てられました。
- せっかく誘われたので、ぜひ行きます。
- 夕べはとつぜん友だちに来られて困りました。

2. 미화어로 사용되는 접두어「お / ご」

- お水をください。
- ご飯を食べました。
- 父はお酒が大好きです。
- このお菓子おいしいですよ。

○ 友だちとお茶を飲んでいます。

(예) お手(て)洗(あら)い, お天気(てんき), お金(かね), お米(こめ), お土産(みやげ)……

3. 겸양표현 전용동사

差し上げる	あげる의 겸양어
お目にかかる	会う의 겸양어
うかがう	聞く, 訪ねる의 겸양어
申し上げる	言う의 겸양어
拝見する	見る의 겸양어
存じる	知る, 思う, 考える의 겸양어
まいる	行く, 来る의 겸양어
いたす	する의 겸양어
いただく	もらう, 飲む, 食べる의 겸양어

연습문제

1.
(예) このカメラはいつ買いましたか。
→ このカメラはいつ買われましたか。

(1) 先生は今朝、何時に起きましたか。

→ 先生は今朝、何時に＿＿＿＿＿＿＿＿＿＿＿。

(2) 先生は今朝の新聞を<u>読みましたか</u>。

→ 先生は今朝の新聞を＿＿＿＿＿＿＿＿＿＿＿＿。

(3) 先生、食事<u>しましたか</u>。

→ 先生、食事＿＿＿＿＿＿＿＿＿＿＿＿＿＿＿。

(4) 木村課長はもう<u>帰りましたか</u>。

→ 木村課長はもう＿＿＿＿＿＿＿＿＿＿＿＿＿。

(5) 先生も<u>来ますか</u>。

→ 先生も＿＿＿＿＿＿＿＿＿＿＿＿＿＿＿＿＿。

(6) 先生、写真はたくさん<u>撮りましたか</u>。

→ 先生、写真はたくさん＿＿＿＿＿＿＿＿＿＿。

(7) 山田先生が夕べ、<u>亡くなりました</u>。

→ 山田先生が夕べ、＿＿＿＿＿＿＿＿＿＿＿＿。

(8) 朴先生が韓国から<u>もどりました</u>。

→ 朴先生が韓国から＿＿＿＿＿＿＿＿＿＿＿＿。

(9) どちらまで<u>行きますか</u>。

→ どちらまで＿＿＿＿＿＿＿＿＿＿＿＿＿＿＿。

(10) 社長は昨日会社を<u>休みました</u>。

→ 社長は昨日会社を＿＿＿＿＿＿＿＿＿＿＿＿。

2.

(예) 先生がほめる。
→ 先生にほめられました。

(1) 先生がしかる。

→ 先生に＿＿＿＿＿＿＿＿＿＿＿＿＿＿＿。

(2) 親が呼ぶ。

→ 親に＿＿＿＿＿＿＿＿＿＿＿＿＿＿＿。

(3) 兄が言う。

→ 兄に＿＿＿＿＿＿＿＿＿＿＿＿＿＿＿。

(4) 雨が降った。

→ 雨に＿＿＿＿＿＿＿＿＿＿＿＿＿＿＿。

(5) 木村さんが見てしまいました。

→ 木村さんに＿＿＿＿＿＿＿＿＿＿＿＿＿＿＿。

(6) 映画を上映する。

→ 映画が＿＿＿＿＿＿＿＿＿＿＿＿＿＿＿。

(7) 明日試験なのに、いきなり友だちが来てこまった。

→ 明日試験なのに、いきなり友だちに＿＿＿＿＿＿。

(8) 先輩がいじめる。

→ 先輩に＿＿＿＿＿＿＿＿＿＿＿＿＿＿＿。

(9) 聖書を各国のことばに翻訳した。

→ 聖書は各国のことばに＿＿＿＿＿＿＿＿＿＿。

(10) 新しいビルを建てる。

→ 新しいビルが＿＿＿＿＿＿＿＿＿＿＿＿。

3.

(예) 水をください。

→ お水をください。

(1) 日本の菓子はおいしい。

→ 日本の＿＿＿＿＿＿はおいしい。

(2) 手洗いはどちらですか。

→ ＿＿＿＿＿＿はどちらですか。

(3) 今日はいい天気ですね。

→ 今日はいい＿＿＿＿＿＿ですね。

(4) 今日の食事はバイキングでお楽しみください。

→ 今日の＿＿＿＿＿＿はバイキングでお楽しみください。

(5) 日本人の食生活は味噌汁と白い飯が中心です。

→ 日本人の食生活は味噌汁と白い＿＿＿＿＿＿が中心です。

(6) 金は人間社会において大事なものです。

→ ＿＿＿＿＿＿は人間社会において大事なものです。

(7) 酒の種類は地方によってたくさんある。

→ ＿＿＿＿＿＿の種類は地方によってたくさんある。

(8) スーパで米を買ってきました。

→ スーパで＿＿＿＿＿＿を買ってきました。

(9) 茶でも入れましょうか。

→ ＿＿＿＿＿＿でも入れましょうか。

(10) 東京で買った土産です。

→ 東京で買った＿＿＿＿＿＿です。

4.

(예) これは私がします。 → これは私がいたします。

(1) 私は韓国から来ました。

→ 私は韓国から＿＿＿＿＿＿＿＿＿＿＿＿＿。

(2) 皆様のご協力に深く感謝します。

→ 皆様のご協力に深く＿＿＿＿＿＿＿＿＿＿＿。

(3) 昨日は先生のご両親に会いました。

→ 昨日は先生のご両親に＿＿＿＿＿＿＿＿＿＿。

(4) 10,000円もらいました。

→ 10,000円＿＿＿＿＿＿＿＿＿＿＿＿＿＿。

(5) 明日の午後訪ねたいですが、よろしいでしょうか。

→ 明日の午後＿＿＿＿＿＿＿＿＿＿＿＿＿＿ですが、よろしいでしょうか。

제12과

何時までに出せばいいですか。

기본문형

1. ゴミは何時までに出せばいいですか。
2. 夜遅い時間には出さないようにしてください。
3. ガラスのような燃えないゴミは出さないでください。

尹(ユン)　もしもし、今回引越(ひっこ)してきた尹と申しますが、ゴミの出し方について教えていただけますか。

大家(おおや)　はい、ビニール、木・ゴム、ぬいぐるみ、歯ブラシのような燃(も)えるゴミは赤色(あかいろ)のふくろに入れて出してください。また、空(あ)き缶(カン)やペットボトル、ガラスのような燃えないゴミは青色(あおいろ)のふくろに入れて出してください。

尹　古紙(こし)はどうやって出せばいいですか。

大家　新聞、チラシ、雑誌、単行本などのような古紙は大きさをそろえて、くずれないようにしっかりとひもで十字にしばって出してください。また、段ボールは50センチ程度に小さくおりたたんで、ひもでしばって出してください。

尹　古紙は雨の日には出さない方がいいですか。

大家　紙は濡れてもリサイクルには支障がないので、かまいません。

尹　ペットボトルのラベルは剥がしたほうがいいですか。

大家　ラベルとキャップは必ず剥がしてそれぞれ指定の日に出してください。また、出すときは中を軽くすすいでから出してください。取り外したラベルとキャップは燃えるゴミと一緒に出してください。

尹　コーヒーやビールの空き缶はつぶして出したほうがいいですか。

大家　それはつぶしてもいいし、つぶさなくてもいいです。ただし、スプレーやガスボンベは使い切ってから必ず穴(あな)をあけて出してください。

尹　ゴミは何時までに出せばいいですか。

大家　できれば前の日に出しておくのがいいんですが、遅くても当日の午前8時までに出してください。ただし、周りの人に迷惑(めいわく)になりますので、夜遅い時間や明け方は出さないようにしてください。

尹　了解(りょうかい)しました。最後に、キッチンから出る生ゴミはどうやって出せばいいですか。

大家　野菜(やさい)くずや食べ残しのような生ゴミはまず、水切(みずき)りを十分した後、生ゴミの分別容器(ぶんべつようき)(バケツ)に入れてください。

尹　よくわかりました。ありがとうございました。

새 단어와 발음연습

あきかん(空き缶)	빈 깡통	とりはずす(取り外す)	떼어내다
あな(穴)	구멍	なまえんそう(生演奏)	라이브 연주
おおや(大家)	집주인	なまたまご(生卵)	날달걀, 생계란
おしゃべり(お喋り)	수다	なまちゅうけい(生中継)	생중계
おりたたむ(折り畳む)	접어 개다	なまほうそう(生放送)	생방송
くず(屑)	부스러기, 쓰레기	にもつ(荷物)	짐
くずれる(崩れる)	무너지다	ぬいぐるみ(縫い包み)	봉제완구
こし(古紙)	못 쓰게 된 종이	はがす(剥がす)	벗기다, 떼다
こゆうめいし(固有名詞)	고유명사	ひも(紐)	끈
ししょう(支障)	지장	ひやす(冷やす)	차게 하다
してい(指定)	지정	ふくろ(袋)	봉지, 주머니
しばる(縛る)	묶다	ぶんべつ(分別)	분별, 분류
しゅうり(修理)	수리	みずきり(水切り)	물기제거
じんめい(人名)	인명	めいわく(迷惑)	폐
すすぐ(濯ぐ)	헹구다	もえる(燃える)	타다
そろえる(揃える)	가지런히 하다, 갖추다	やさい(野菜)	야채
たんこうぼん(単行本)	단행본	よあけ(夜明け)	새벽(녘)
ちめい(地名)	지명	ようき(容器)	용기
つぶす(潰す)	찌그러뜨리다	りょうかい(了解)	이해하고 인정함
とどける(届ける)	보내다, 신고하다	りょこうさき(旅行先)	여행지

발음을 비교해 봅시다(장음-단음)

〔A〕おばあさんと　おばさんに　あいました。

〔B〕よじ(四時)に ようじ(用事)が　あります。

문형연습

1. ~て おく(미리 ~해 두다)

- 飲み物は私が買っておきます。
- 暑いので窓を開けておきました。
- 荷物(にもつ)はそこに置いておいてください。
- 旅行先(りょこうさき)の天気予報(てんきよほう)をチェックしておきました。
- このワインは冷(ひ)やしておいたほうがいいです。

2. 접두어「生(なま)」(생동감, 생명력 있음을 나타냄)

- 生卵(なまたまご)が食べられますか。
- 日本の生ビールはおいしい。
- ニュースが生放送(なまほうそう)で放送されている。
- 毎日三味線(しゃみせん)の生演奏(なまえんそう)を聞くことができます。
- 花火大会の現場から生中継(なまちゅうけい)でお伝えします。

3. 체언+のようだ(구체적인 예시를 나타냄)

- 木村先生は親のような方です。
- まだ5月なのに、夏のような暑さですね。
- サッカーやラグビーのような激しい運動が好きだ。
- 鈴木さんのように優しい人は、そうはいないだろう。
- 人名(じんめい)や地名(ちめい)のような固有名詞(こゆうめいし)の読み方は難しいです。

4. 「ます형」+ 方(かた)(~하는 법)

- キムチの作り方を覚えました。
- 納豆の食べ方を教えてください。
- ゲームのやり方を教えてください。
- この漢字の読み方を教えてください。
- ゴミの出し方について教えてください。

5. 「まで」와 「までに」

① 「まで」(동작이 그 시간까지 계속 진행됨)

- 午後二時まで休みます。
- 夕べは夜12時まで勉強をしていた。
- 昨日は午後10時まで雨が降っていた。
- 夜明(よあ)けになるまでおしゃべりしていました。
- 準備ができるまでここで待っていてください。

② 「までに」(범위 내의 어떤 시점에서 동작이 행해짐)

- 30日までに届(とど)けておきます。
- 宿題は明日までに終えたい。
- 車の修理(しゅうり)、明日までにできますか。
- 6月19日までには、とても間に合わない。
- レポートは来週の水曜日までに出してください。

연습문제

1. (예) 暑いので窓を開ける。
→ 暑いので窓を開けておきました。

(1) 飲み物は私が買う。

→ 飲み物は私が＿＿＿＿＿＿＿＿＿＿＿＿＿＿＿＿。

(2) 昨日宿題をやる。

→ 昨日宿題を＿＿＿＿＿＿＿＿＿＿＿＿＿＿＿＿。

(3) インドネシアへ来る前にインドネシア語を習う。

→ インドネシアへ来る前にインドネシア語を＿＿＿＿。

(4) ビールをれいぞうこに入れる。

→ ビールをれいぞうこに＿＿＿＿＿＿＿＿＿＿＿＿。

(5) 本人に伝える。

→ 本人に＿＿＿＿＿＿＿＿＿＿＿＿＿＿＿＿＿＿。

(6) 旅行先の天気予報をチェックする。

→ 旅行先の天気予報を＿＿＿＿＿＿＿＿＿＿＿＿。

(7) ワインを冷やす。

→ ワインを＿＿＿＿＿＿＿＿＿＿＿＿＿＿＿＿＿＿。

(8) 一週間前に予約する。

→ 一週間前に＿＿＿＿＿＿＿＿＿＿＿＿＿＿＿＿。

(9) 発表のために資料をコピーする。

→ 発表のために資料を＿＿＿＿＿＿＿＿＿＿＿＿。

(10) 友だちが来るので、部屋をきれいにする。

→ 友だちが来るので、部屋を＿＿＿＿＿＿＿＿。

2.

(예) この漢字の読む方法を教えてください。
→ この漢字の読み方を教えてください。

(1) 彼女にチーズケーキの作る方法を習いました。

→ 彼女にチーズケーキの＿＿＿＿＿＿＿＿＿を習いました。

(2) 納豆の食べる方法を教えてください。

→ 納豆の＿＿＿＿＿＿＿＿＿を教えてください。

(3) 人にはそれぞれの生きる方法がある。

→ 人にはそれぞれの＿＿＿＿＿＿＿＿＿がある。

(4) 太らないお酒の飲む方法を教えてください。

→ 太らないお酒の＿＿＿＿＿＿＿＿＿を教えてください。

(5) 正しく使う方法をご紹介します。

→ 正しい＿＿＿＿＿＿＿＿＿をご紹介します。

(6) 韓国人と日本人の歩く方法が違う。

→ 韓国人と日本人の＿＿＿＿＿＿＿＿＿が違う。

(7) ゲームをやる方法について紹介します。

→ ゲームの＿＿＿＿＿＿＿＿について紹介します。

(8) 地図を見る方法について教えてください。

→ 地図の＿＿＿＿＿＿＿＿について教えてください。

(9) 話す方法が上手になった。

→ ＿＿＿＿＿＿＿＿が上手になった。

(10) レポートを書く方法について紹介します。

→ レポートの＿＿＿＿＿＿＿＿について紹介します。

3. (　　)안에「まで」또는「までに」를 적어 넣으시오.

(1) レポートの締め切りはあした(　　　　　　)です。

(2) 夕べは夜12時(　　　　　　)勉強をしていた。

(3) 昨日は午後10時(　　　　　　)雨が降っていた。

(4) あした(　　　　　　)返してください。

(5) 6月19日(　　　　　　)は、とても間に合わない。

(6) 秋(　　　　　　)は決めたい。

(7) 書類は25日(　　　　　　)送ってください。

(8) 私が帰ってくる(　　　　　　)、ここで待っていてください。

(9) 午後二時(　　　　　　)休みます。

(10) この書類を遅くとも7時(　　　　　　)は中村さんに渡してください。

メモ

제 13 과

自転車に貼ってあるシールは何ですか。

기본문형

1. 努力義務とは何ですか。
2. 用事が済み次第すぐに行きます。
3. 自転車はまだ買っていません。

朴　日本人は駅やスーパーに行くとき、自転車で行く人が多いですね。

山田　日本の街はだいたい平らなので、自転車に乗りやすいですからね。

朴　考えてみると、韓国の街に比べて上り坂下り坂が少ないですね。
街を歩いてみるとほとんど平らになっていることがわかります。

山田　韓国の街は上り坂下り坂が多いんですか。

朴　日本に比べると多いほうですね。
ところで、日本の街を走っている多くの自転車には、何かシールが貼ってありますけど、あれは何ですか。

山田　あれは自転車の防犯登録を証明するシールです。日本では盗まれた自転車を元の持ち主に返す目的で、防犯登録を義務化しています。

朴　それはいいことですね。

山田　また、日本では2008年から小学生や幼児はヘルメット着用が保護者の努力義務となっています。これは倒れたら頭にけがをしやすいので、頭を守るためです。

朴　努力義務とは何ですか。

山田　努力義務とは、「～するよう努めなければならない」などのルールで、違反しても罰則を受けないことです。つまり、守るか否かは個人の判断に任せる、ということです。

朴　つまり、ヘルメット着用を勧めることですね。

山田　ところで、朴さんは自転車に乗れますか。

朴　ええ、もちろん乗れますが、日本に来たばかりなので、自転車はまだ買っていません。これから買うつもりです。

山田　やはり、駅やスーパーは自転車で行ったほうが便利ですね。ところで、朴さんは明日のコンパに来られますか。

朴　ぜひ、行きたいんですが、他の用事があるので難しそうです。

山田　明日のコンパは大学から近い焼き肉屋で集まる予定なんですが、残念ですね。

朴　そうですか。では、用事が済み次第すぐに行きます。

山田　遅くなってもかまわないので、ぜひ来てください。

새 단어와 발음연습

あいあいがさ(相合い傘)	우산을 그리고 그 밑에 남녀의 이름을 써서 놀리는 낙서	たおれる(倒れる)	넘어지다
いったい(一体)	도대체	ちゃくよう(着用)	착용
いはん(違反)	위반	つとめる(努める)	노력하다
かえす(返す)	돌려주다	とうちゃく(到着)	도착
かざる(飾る)	꾸미다, 장식하다	とうろく(登録)	등록
ぎむか(義務化)	의무화	どりょくぎむ(努力義務)	노력의무
くだりざか(下り坂)	내리막	ぬすむ(盗む)	훔치다
くらべる(比べる)	비교하다	のぼりざか(上り坂)	오르막
けが(怪我)	다침, 부상	ばっそく(罰則)	벌칙
げんいん(原因)	원인	はる(貼る)	붙이다
こがた(小型)	소형	はんだん(判断)	판단
こくばん(黒板)	흑판, 칠판	ぼうはん(防犯)	방범
こじん(個人)	개인	ほごしゃ(保護者)	보호자
しだい(次第)	~하는 대로, ~되는 대로	まかせる(任せる)	맡기다
しめきる(締め切る)	마감하다	まんいん(満員)	만원
しょうめい(証明)	증명	やきにくや(焼き肉屋)	불고기 집
じんぶんかがく(人文科学)	인문과학	れんめい(連盟)	연맹
そうきん(送金)	송금	ようじ(幼児)	초등학교 입학 전 까지의 어린이
たいらだ(平らだ)	평평하다		

발음을 비교해 봅시다(청음—탁음 / 유성음)

〔A〕きん(金)メダルでも　ぎん(銀)メダルでも　いい。

〔B〕てんき(天気)が　わるくて　でんき(電気)を　つけた。

문형연습

1. **타동사 + ~てある**(인위적인 행위의 결과)

- つくえの上に花が飾(かざ)ってあります。
- 教室の壁に地図が貼(は)ってあります。
- 黒板(こくばん)に相合(あいあ)い傘(がさ)が書いてありますね。
- お皿が並べてありますね。誰か来るんですか。
- 起きてみると、もう朝ごはんが作ってありました。

2. **명사 + とは**(본질적인 성질, 정의 등을 나타냄)

- 人文科学(じんぶんかがく)とは、どういうものでしょうか。
- ハングルとは、韓国の文字のことです。
- FIFAとは、国際サッカー連盟(れんめい)のことである。
- 私にとって人生とは、一体(いったい)何なのだろうか。
- パソコンとは、個人で使える小型(こがた)のコンピューターのことです。

3. **~て いない**(동작, 작용이 아직 완료되지 않음을 나타냄)

- A：もう終わりましたか。
  B：いいえ、まだ終わっていません。
- A：金さん、傘持っていますか。
  B：いいえ、持っていません。

○ A：お母さんはいらっしゃいますか。

B：母はまだ帰っていません。

4. 동사(사전형 / ない형) + つもりだ(화자의 강한 의지)

○ 来年結婚するつもりです。

○ 今日は早く寝るつもりです。

○ ノートパソコンは買わないつもりです。

○ あしたのコンパには行かないつもりです。

○ 冬休みには日本語を勉強するつもりです。

5. 동사「ます형」+ 次第(しだい)(~하는 대로, ~하자마자)

○ 満員(まんいん)になり次第締(し)め切(き)る。

○ 本が届(とど)き次第送金(そうきん)します。

○ 家に着き次第電話してください。

○ 原因(げんいん)がわかり次第教えてください。

○ 授業が終わり次第ランチを取ります。

연습문제

1.
(예) 教室の壁に地図を貼りました。
→ 教室の壁に地図が貼ってあります。

(1) 窓を開けました。

→ 窓が＿＿＿＿＿＿＿＿＿＿＿＿＿＿＿＿。

(2) 部屋をきれいに掃除しました。

→ 部屋がきれいに＿＿＿＿＿＿＿＿＿＿＿＿＿＿＿＿。

(3) お皿を並べました。

→ お皿が＿＿＿＿＿＿＿＿＿＿＿＿＿＿＿＿。

(4) 黒板に名前を書きました。

→ 黒板に名前が＿＿＿＿＿＿＿＿＿＿＿＿＿＿＿＿。

(5) つくえの上に花を飾りました。

→ つくえの上に花が＿＿＿＿＿＿＿＿＿＿＿＿＿＿＿＿。

2.
(예) 母はまだ帰りませんでした。
→ 母はまだ帰っていません。

(1) 部屋の掃除は終わりませんでした。

→ 部屋の掃除は＿＿＿＿＿＿＿＿＿＿＿＿＿＿＿＿。

(2) 映画はまだ始まりませんでした。

→ 映画はまだ________________。

(3) 朝ごはんはまだ食べませんでした。

→ 朝ごはんはまだ________________。

(4) 試験の結果は聞きませんでした。

→ 試験の結果は________________。

(5) レポートはまだ書きませんでした。

→ レポートはまだ________________。

3.

(예) 冬休みには日本語を勉強したいです。 → 冬休みには日本語を勉強するつもりです。

(1) 新しいパソコンを買いたいです。

→ 新しいパソコンを________________。

(2) 今日は早く寝たいです。

→ 今日は早く________________。

(3) 来年は結婚したいです。

→ 来年は________________。

(4) 夏休みには何をしたいですか。

→ 夏休みには何を________________。

(5) 友だちと買い物に出かけたいです。

→ 友だちと買い物に＿＿＿＿＿＿＿＿＿＿。

(6) 冬休みに日本へ行ってきたいです。

→ 冬休みに日本へ＿＿＿＿＿＿＿＿＿＿。

(7) 日本の小説が読みたいです。

→ 日本の小説を＿＿＿＿＿＿＿＿＿＿。

(8) 今度の週末には日本のドラマが見たいです。

→ 今度の週末には日本のドラマを＿＿＿＿＿＿。

(9) 今日はすしが食べたいです。

→ 今日はすしを＿＿＿＿＿＿＿＿＿＿。

(10) 明日は6時に起きたいです。

→ 明日は6時に＿＿＿＿＿＿＿＿＿＿。

4.

(예) 子供が帰ってから出かけます。 → 子供が帰り次第出かけます。

(1) 原因がわかってから教えてください。

→ 原因が＿＿＿＿＿＿＿＿教えてください。

(2) 家に着いてから電話してください。

→ 家に＿＿＿＿＿＿＿＿電話してください。

(3) 授業が終わってからランチを取ります。

→ 授業が____________________ランチを取ります。

(4) 時間と場所が決まってからお知らせします。

→ 時間と場所が________________お知らせします。

(5) 本が到着してから送金します。

→ 本が__________________________送金します。

第14과

引越(ひっこ)しをしようと考えています。

기본문형

1. 週末は一日中(いちにちじゅう)大変です。
2. 近いうちに引越しをしたいんです。
3. 引越しをするためには費用(ひよう)が負担(ふたん)になります。

李(イ)　木下さん、近いうちに引越しをしたいんですが、どの辺がいいですか。

木下(きのした)　今のアパートは何か問題があるんですか。

李　交通は駅から近くて便利ですが、隣の部屋の生活騒音(せいかつそうおん)がうるさくて困っています。

木下　最近アパートやマンションのような集合住宅(しゅうごうじゅうたく)では生活騒音が問題になっていますね。何か大きな問題があるんですか。

李　隣の部屋から洗濯機や掃除機の音はもちろん、夜になると足音やテレビの音まで聞こえて勉強に集中できないんです。特に、週末は一日中大変です。

木下　それは困りますね。集合住宅では相手のことを考えて生活騒音を減らすように心がける必要がありますが、中にはそれを考えない人もいますよね。

李　そうですね。自分では気にならない音でも、他の人にとっては騒音と感じられる音もあるので、日頃から音に対して気を配り、必要以上の音を出さないことが大切ですね。

木下　音への気配りだけではなく、日頃から隣の人と挨拶を交わすなど、コミュニケーションや付き合いを図ることも大切ですね。韓国もこのような問題はありますか。

李　これは韓国も同じで、生活騒音が深刻な社会問題になっていますが、やはりいつも相手を配慮する心がけが必要ですね。木下さんの部屋は大丈夫ですか。

木下　ぼくは生活騒音はないんですが、駅から遠くて、じつは来年あたり駅から近いところに引越しをしようと考えています。でも、引越しをするためには敷金や礼金などの初期費用が負担になりますね。

李　敷金や礼金はどのくらいですか。

木下　礼金は1ヶ月分の家賃でいいですが、敷金はだいたい3ヶ月分の家賃を要求される場合が多いです。

李　それは大変ですね。

木下　しかし、最近は敷金や礼金を取らない部屋も増えているので、あっちこっち行ってみたほうがいいと思います。

李　そうですか。ありがとうございます。

새 단어와 발음연습

あいさつ(挨拶)	인사	せんたくき(洗濯機)	세탁기
あしおと(足音)	발소리	そうおん(騒音)	소음
いちにちじゅう(一日中)	하루 종일	そうじ(掃除)	청소
いっしょうけんめいだ(一生懸命だ)	열심히 하다	そうじき(掃除機)	청소기
えいぎょうちゅう(営業中)	영업 중	たいけん(体験)	체험
おおさわぎ(大騒ぎ)	대소동, 큰 소란	ちゅうどく(中毒)	중독
きくばり(気配り)	배려	ねっしんだ(熱心だ)	열심이다
きせき(奇跡)	기적	はいりょ(配慮)	배려
けいえいがく(経営学)	경영학	はかる(図る)	도모하다
こうじちゅう(工事中)	공사 중	はたらく(働く)	일하다, 작용하다
しききん(敷金)	보증금	ひごろ(日頃)	평소, 요즈음
しゅうごうじゅうたく(集合住宅)	공동주택	ひよう(費用)	비용
しゅうちゅう(集中)	집중	ふえる(増える)	증가하다
じゅんびちゅう(準備中)	준비 중	ふたん(負担)	부담
しょうらい(将来)	장래, 미래	へらす(減らす)	줄이다
しょき(初期)	초기	やちん(家賃)	집세
しんこくだ(深刻だ)	심각하다	ようきゅう(要求)	요구
せいかつ(生活)	생활	れいきん(礼金)	사례금
せかいじゅう(世界中)	전세계		

발음을 비교해 봅시다(장음-단음)

〔A〕ようやく　よやく(予約)が　できました。

〔B〕きょうり(郷里)までの　きょり(距離)は　遠い。

문형연습

1. 명사, イ형용사 + うちに(시간의 범위)

- 近いうちに一杯飲みましょう。
- 今のうちにトイレに行っておこう。
- 朝のうちに掃除(そうじ)をしておきましょう。
- 20代のうちにやっておきたいことは何か。
- 若いうちにいろいろやってみた方がいい。

2. 동사「ない형」+ うちに(반대의 상황이 일어나기 전 / ~하기 전에)

- 雨が降らないうちに帰ろう。
- 忘れないうちにメモしておこう。
- 家族が帰らないうちに家を掃除します。
- 知らないうちにスマホ中毒(ちゅうどく)になっている。
- 奇跡(きせき)は人が分からないうちに起こっている。

3.「中」읽는 법

① 「じゅう」(공간, 기간 전체를 나타냄)

- 世界中(せかいじゅう)を旅行したい。
- 国中が大騒(おおさわ)ぎになった。
- 彼は一日中旅行しています。
- 一年中クリスマスが体験(たいけん)できる店。
- 夏休み中ずっと北海道(ほっかいどう)にいました。

② 「ちゅう」(동작을 나타내는 단어에 접속 / ~하는 중)

- 24時間営業中(えいぎょうちゅう)！
- 彼は会議中です。
- 弟は勉強中です。
- 只今、準備中(じゅんびちゅう)です。
- この道は工事中(こうじちゅう)で、通れません。

4. ~ために(~을 위하여 / 목적)

① 동사, イ형용사 보통형+ために

- 幸せになるために大切なことは何か。
- 親を手伝うために学校を休んでいます。
- 旅行するためにアルバイトをしています。
- 経営学(けいえいがく)を勉強するために日本へ来ました。
- 日本語能力試験に合格(ごうかく)するためにがんばっています。

② 명사+の+ために

- 家族のために一生懸命(いっしょうけんめい)に働(はたら)く。
- ぼくは勉強のために仕事をやめました。
- 私は将来(しょうらい)のために熱心(ねっしん)に勉強しています。
- 親は日本に住んでいる私のために、コートを送ってくれました。

연습문제

1. (　　　)안에 들어갈 말을 〈보기〉에서 고르시오.

보기	(A)ため(に)　(B)つもり　(C)うちに　(D)とは　(E)にとって　(F)次第

(1) ぼくは勉強の(　　)仕事をやめました。

(2) 近い(　　)一杯飲みましょう。

(3) 今日は早く寝る(　　)です。

(4) ハングル(　　)、韓国の文字のことです。

(5) 原因がわかり(　　)教えてください。

(6) 旅行する(　　)アルバイトをしています。

(7) 幸せになる(　　)大切なことは何か。

(8) あしたのコンパには行かない(　　)です。

(9) 人文科学(　　)、どういうものなのでしょうか。

(10) 20代の(　　)やっておきたいことは何か。

(11) 子供は親(　　)大事です。

(12) 授業が終わり(　　)ランチを取ります。

(13) 学生(　　)パソコンは必要なものです。

(14) 奇跡は人が分からない(　　)起こっている。

(15) 知らない(　　)スマホ中毒になっている。

2. 밑줄 친「中」을「じゅう」로 읽으면「A」,「ちゅう」로 읽으면「B」를 쓰시오.

(1) 一年中クリスマスが体験できる店。(　　　)

(2) 只今、準備中です。(　　　)

(3) 彼は一日中旅行しています。(　　　)

(4) 24時間営業中！(　　　)

(5) 夏休み中ずっと北海道にいました。(　　　)

(6) 世界中を旅行したい。(　　　)

(7) 今、授業中です。(　　　)

(8) 彼は会議中です。(　　　)

(9) この道は工事中で、通れません。(　　　)

(10) 弟は勉強中です。(　　　)

제 15 과

就活(しゅうかつ)を頑張(がんば)ります。

기본문형

1. 勉強すればするほど難しくなります。
2. 大学の在学中(ざいがくちゅう)に入隊(にゅうたい)するわけですね。
3. やっているうちに上手になるはずです。

鈴木(すずき)　そろそろ今年も終わりですね。

尹(ユン)　あっという間に一年がたちましたね。

宋(ソン)　皆、冬休みに何か計画(けいかく)はありますか。

尹　私は日本に行って旅行したいと思っています。一週間くらい。

鈴木　それはいいですね。今は円安(えんやす)ですから行きやすいですね。温泉とか行くんですか。

尹　はい、日本の冬はやはり温泉ですね。

宋　私は2月に卒業なので就活を頑張ります。

鈴木　大変ですね。目指している会社とかあるんですか。

宋　できれば日本で働いてみたいです。

鈴木　宋さんは日本語が上手ですので、日本の会社で働いても全然問題ないと思いますよ。ぜひ、希望が叶うといいですね。

宋　ありがとうございます。しかし、4年間一生懸命勉強してきたんですが、日本語はやはり難しいですね。勉強すればするほど難しくなります。

鈴木　あまり焦らずにのんびりやってください。外国語はコツコツ勉強することが大切ですから。そうやっているうちに必ず上手になるはずです。

宋　ありがとうございます。尹さんは旅行した後、何か冬の計画はあるんですか。

尹　実はぼく、2月に軍隊(ぐんたい)に行くんです。

鈴木　そうなんですか。それはそれは……。
軍隊は何年ですか。

尹　韓国人の男性は19歳から29歳の間に約2年間の兵役(へいえき)につく義務(ぎむ)があります。

鈴木　韓国人の男性は全員(ぜんいん)が軍隊に行かなければならないんですか。

尹　男性全員が絶対に徴兵(ちょうへい)されるわけではなく、まず、19歳になると全員徴兵検査(けんさ)を受けることが義務付(ぎむづ)けられています。徴兵検査により、軍人として適任(てきにん)とされた男性は、必ず入隊しなければなりません。兵役(へいえき)義務は29歳までとなっていますが、だいたい20代前半のうちに入隊するのが普通です。

鈴木　そうすると、大学の在学中に入隊するわけですが、これは大変そうですね。

宋　まあ、そうですね。そんなわけで、今日は思う存分(ぞんぶん)飲みましょう。

尹　それじゃ、飲みに行きましょうか。

새 단어와 발음연습

あせる(焦る)	초조해 하다	さくや(昨夜)	어젯밤
あんしんだ(安心だ)	안심하다	じさ(時差)	시차
えんやす(円安)	엔저	しゅうかつ(就活)	구직활동
かぎ(鍵)	열쇠	ぜんいん(全員)	전원
かなう(叶う)	이루어지다, 들어맞다	そつぎょう(卒業)	졸업
きたない(汚い)	더럽다, 천하다	ぞんぶん(存分)	실컷, 충분히
きぼう(希望)	희망	ちょうへい(徴兵)	징병
きらいだ(嫌いだ)	싫어하다, 꺼리다	てきにんだ(適任だ)	적합하다
ぐんたい(軍隊)	군대	にゅうたい(入隊)	입대
けいかく(計画)	계획	ぶっか(物価)	물가
けんさ(検査)	검사	へいえき(兵役)	병역
ごうかく(合格)	합격	めざす(目指す)	목표로 하다
ざいがくちゅう(在学中)	재학 중		

발음을 비교해 봅시다(탁음 / 유성음-청음)

〔A〕先生、じかん(時間)です。

〔B〕先生、ちかん(痴漢)です。

문형연습

1. ~ば~ほど(~하면 할수록)

- 見れば見るほど美しい。
- 多ければ多いほどいいです。
- 読めば読むほどおもしろくなります。
- 練習すればするほど上手になります。
- 日本語はやればやるほど難しくなります。

2. 변화의 표현

① イ형용사 어간+くなる

- 最近涼(すず)しくなりました。
- 物価(ぶっか)が高くなりました。
- 川(かわ)の水が汚(きたな)くなりました。
- 本をだんだん読まなくなりました。
- 最近鍵(かぎ)がだんだん要(い)らなくなります。

② ナ형용사 어간, 명사+になる

- 親(おや)が元気になりました。
- 彼女が好きになりました。
- 家がきれいになりました。

○ いきなり静かになりました。

○ 韓国のサッカーが有名になりました。

③ 가능동사+ようになる

○ 英語が話せるようになりました。

○ ハングルが読めるようになりました。

○ 納豆が食べられるようになりました。

○ 人の気持ちが理解できるようになりました。

○ 一人で歩けるようになって、安心(あんしん)しました。

3. ~はずだ(화자의 주관적인 판단을 나타냄)

○ 明日、着くはずだ。

○ 彼は必ず合格(ごうかく)するはずです。

○ 彼は明日帰ってくるはずです。

○ 今日は日曜日だから、銀行は閉まっているはずです。

4. ~わけだ(논리적인 결론이나 이유, 주장, 경위, 의미 등을 나타냄)

○ これで今日の授業は終わるわけです。

○ 昨夜おそく寝たので、今眠(ねむ)いわけです。

○ お客さんとのコミュニケーションにも利用(りよう)できるわけです。

○ 私は日本語がわからないが、だからといって日本が嫌(きら)いなわけではない。

연습문제

1. (예) やる、おもしろい。
→ やればやるほどおもしろくなります。

(1) 読む、むずかしい。

→ ＿＿＿＿＿＿＿＿＿＿＿＿＿＿。

(2) 食べる、おいしい。

→ ＿＿＿＿＿＿＿＿＿＿＿＿＿＿。

(3) 見る、おもしろい。

→ ＿＿＿＿＿＿＿＿＿＿＿＿＿＿。

(4) 会う、親しい。

→ ＿＿＿＿＿＿＿＿＿＿＿＿＿＿。

(5) 寝る、眠い。

→ ＿＿＿＿＿＿＿＿＿＿＿＿＿＿。

(6) 練習する、上手になる。

→ ＿＿＿＿＿＿＿＿＿＿＿＿＿＿。

(7) 考える、頭が痛い。

→ ＿＿＿＿＿＿＿＿＿＿＿＿＿＿。

(8) 聞く、わかりにくい。

→ ＿＿＿＿＿＿＿＿＿＿＿＿＿＿。

(9) 歩く、近い。

→ ____。

(10) 走る、暑い。

→ ____。

2.

(예) 物価が高い。 → 物価が高くなりました。

(1) 子供が大きい。

→ 子供が____。

(2) 日本語が上手だ。

→ 日本語が____。

(3) 部屋がきれいだ。

→ 部屋が____。

(4) 顔が赤い。

→ 顔が____。

(5) 親が元気だ。

→ 親が____。

(6) 花子さんが好きだ。

→ 花子さんが____。

(7) 勉強がきらいだ。

→ 勉強が＿＿＿＿＿＿＿＿＿＿＿＿＿＿＿＿。

(8) だんだん本を読まない。

→ だんだん本を＿＿＿＿＿＿＿＿＿＿＿＿＿＿。

(9) ビザが要らない。

→ ビザが＿＿＿＿＿＿＿＿＿＿＿＿＿＿＿＿。

(10) 韓国と日本が近い。

→ 韓国と日本が＿＿＿＿＿＿＿＿＿＿＿＿＿。

3.

(예) 彼は明日帰ってきます。 → 彼は明日帰ってくるはずです。

(1) 彼は明日着きます。

→ 彼は明日＿＿＿＿＿＿＿＿＿＿＿＿＿＿＿。

(2) 明日朴さんは来ません。

→ 明日朴さんは＿＿＿＿＿＿＿＿＿＿＿＿＿。

(3) 今日は日曜日だから、銀行は閉まっています。

→ 今日は日曜日だから、銀行は＿＿＿＿＿＿＿。

(4) あなたはあれだけ勉強したのだから合格します。

→ あなたはあれだけ勉強したのだから＿＿＿＿＿。

(5) 明日は晴れます。

→ 明日は＿＿＿＿＿＿＿＿＿＿。

4.

(예) これで今日の授業は終わります。
→ これで今日の授業は終わるわけです。

(1) 時差が4時間あるから、韓国にはちょうど正午に着きます。

→ 時差が4時間あるから、韓国にはちょうど正午に＿＿＿＿＿＿。

(2) 昨夜おそく寝たので、今眠ります。

→ 昨夜おそく寝たので、今＿＿＿＿＿＿＿＿。

(3) 彼女は日本で2年間働いていたので、日本の事情に詳しくなりました。

→ 彼女は日本で2年間働いていたので、日本の事情に＿＿＿＿＿。

(4) 先週は73キロだったから、1週間で2キロも太ってしまいました。

→ 先週は73キロだったから、1週間で2キロも＿＿＿＿＿＿＿。

(5) あんなに生活をしていたら、お金がなくなります。

→ あんなに生活をしていたら、お金が＿＿＿＿＿＿＿＿＿。

문형 목록

課	취급 문형
1	① んです(상황설명) ② そうだ(전문) ③ (し)そうだ(양태) ④ ~と 思う ⑤ できる
2	① ~たら どうですか ② ~たばかりです ③ ~て(で) くれる ④ 명사+が ほしい ⑤ お(ご)~する/いたす ⑥ お+「ます형」+ください
3	① 충고표현(~た ほうが いい/~ない ほうが いい) ② ~し、 ③ ようだ(추량) ④ ので
4	① 수수동사(くれる, あげる, もらう 등) ② ~て もらう ③ 명사, 동사, イ형용사 사전형, ナ형용사 어간+なら ④ イ형용사 접미사「さ」
5	① ~た ことが ある ② ~ている ところ ③「ます형」+にくい/やすい ④ ~てみる
6	① 친밀체 ② ~なければ ならない ③ なきゃ ④ ~って ⑤ みたいだ ⑥ 원인, 이유의「て형」
7	① せる/させる ② ~に とって ③ ~て ほしい ④ ば형

課	취급 문형
8	① ~て しまう ② ~る형/ない＋と ③ ように(목적) ④ らしい
9	① 희망표현(たい/たがる) ② 가능표현(1그룹 동사, 2그룹 동사) ③ ~て いただく
10	① ~て もらいたい ② お~になる ③ 존경어 전용동사 ④ お/ご(존경어) ⑤ ずに ⑤ ご＋한자어 명사＋ください
11	① れる/られる(존경, 수동) ② お/ご(미화어) ③ 겸양전용동사
12	① ~て おく ② 접두어「生」 ③ のようだ(예시) ④「ます형」＋方 ⑤ まで/までに
13	① ~てある ② とは ③ ~て いない ④ ~つもり ⑤ ~次第
14	① 명사, イ형용사+うちに ② ~ない うちに ③「中」읽는 법 ④ ために(목적)
15	① ~ば~ほど ② 변화표현 ③ はずだ ④ わけだ

부 록

- 동사 활용표
- イ형용사·ナ형용사 활용표
- 숫자
- 시간 / 기간
- 시각 / 날짜
- 조수사(助数詞)
- 친족의 명칭

동사 활용표

		사전형	ます형	て형	た형	ない형	ば형	う(よう)형
1그룹	イ음편	歩く	歩きます	歩いて	歩いた	歩かない	歩けば	歩こう
		急ぐ	急ぎます	急いで	急いだ	急がない	急がない	急ごう
	촉음편	買う	買います	買って	買った	買わない	買えば	買おう
		待つ	待ちます	待って	待った	待たない	待てば	待とう
		乗る	乗ります	乗って	乗った	乗らない	乗れば	乗ろう
	발음편 ン음편	死ぬ	死にます	死んで	死んだ	死なない	死ねば	死のう
		呼ぶ	呼びます	呼んで	呼んだ	呼ばない	呼べば	呼ぼう
		休む	休みます	休んで	休んだ	休まない	休めば	休もう
	サ행	話す	話します	話して	話した	話さない	話せば	話そう
	음편 예외	行く	行きます	行って	行った	行かない	行けば	行こう
2그룹		見る	見ます	見て	見た	見ない	見れば	見よう
		寝る	寝ます	寝て	寝た	寝ない	寝れば	寝よう
3그룹	サ행	する	します	して	した	しない	すれば	しよう
	カ행	来る	来ます	来て	来た	来ない	来れば	来よう

가능형	れる/られる형	せる/させる형	명령형	같은 활용을 하는 동사
歩ける	歩かれる	歩かせる	歩け	動く, 置く, 書く, 聞く
急げる	急がれる	急がせる	急げ	泳ぐ, 嗅ぐ, 騒ぐ, 脱ぐ, 防ぐ
買える	買われる	買わせる	買え	会う, 言う, 歌う, 思う, 習う
待てる	待たれる	待たせる	待て	打つ, 勝つ, 立つ, 育つ, 持つ
乗れる	乗られる	乗らせる	乗れ	移る, 躍る, 帰る, 困る, 走る
死ねる	死なれる	死なせる	死ね	
呼べる	呼ばれる	呼ばせる	呼べ	遊ぶ, 選ぶ, 飛ぶ, 並ぶ, 運ぶ
休める	休まれる	休ませる	休め	囲む, 住む, 飲む, 踏む, 読む
話せる	話される	話させる	話せ	押す, 返す, 貸す, 消す, 探す
行ける	行かれる	行かせる	行け	
見られる	見られる	見させる	見ろ	いる, 起きる, 着る
寝られる	寝られる	寝させる	寝ろ	教える, かける, 食べる, 出る
できる	される	させる	しろ	
来られる	来られる	来させる	来い	

イ형용사 · ナ형용사 활용표

	사전형	연체형	なる형	て형	た형	ない형	ば/なら형
イ형용사	高(たか)い	高い	高くなる	高くて	高かった	高くない	高ければ
	よい	よい	よくなる	よくて	よかった	よくない	よければ
	ほしい	ほしい	ほしくなる	ほしくて	ほしかった	ほしくない	ほしければ
조동사 (희망)	～たい	～たい	～たくなる	～たくて	～たかった	～たくない	～たければ
ナ형용사	きれいだ	きれいな	きれいになる	きれいで	きれいだった	きれいで(は)ない	きれいなら
	静(しず)かだ	静かな	静かになる	静かで	静かだった	静かで(は)ない	静かなら
	元気(げんき)だ	元気な	元気になる	元気で	元気だった	元気で(は)ない	元気なら
	有名(ゆうめい)だ	有名な	有名になる	有名で	有名だった	有名で(は)ない	有名なら
	便利(べんり)だ	便利な	便利になる	便利で	便利だった	便利で(は)ない	便利なら

숫자

1	10	100	1,000	10,000	100,000,000
いち (一)	じゅう (十)	ひゃく (百)	せん (千)	いちまん (一万)	いちおく (一億)
に (二)	にじゅう (二十)	にひゃく (二百)	にせん (二千)	にまん (二万)	におく (二億)
さん (三)	さんじゅう (三十)	さんびゃく (三百)	さんぜん (三千)	さんまん (三万)	さんおく (三億)
よん し (四)	よんじゅう しじゅう (四十)	よんひゃく (四百)	よんせん (四千)	よんまん (四万)	よんおく (四億)
ご (五)	ごじゅう (五十)	ごひゃく (五百)	ごせん (五千)	ごまん (五万)	ごおく (五億)
ろく (六)	ろくじゅう (六十)	ろっぴゃく (六百)	ろくせん (六千)	ろくまん (六万)	ろくおく (六億)
なな しち (七)	ななじゅう しちじゅう (七十)	ななひゃく (七百)	ななせん しちせん (七千)	ななまん しちまん (七万)	ななおく しちおく (七億)
はち (八)	はちじゅう (八十)	はっぴゃく (八百)	はっせん (八千)	はちまん (八万)	はちおく (八億)
きゅう く (九)	きゅうじゅう (九十)	きゅうひゃく (九百)	きゅうせん (九)	きゅうまん (九万)	きゅうおく (九億)
じゅう (十)	ひゃく (百)	せん (千)	まん (万)	じゅうまん (十万)	じゅうおく (十億)

시간 표현

일요일	월요일	화요일	수요일
にちようび (日曜日)	げつようび (月曜日)	かようび (火曜日)	すいようび (水曜日)
목요일	**금요일**	**토요일**	**무슨 요일**
もくようび (木曜日)	きんようび (金曜日)	どようび (土曜日)	なんようび (何曜日)

	과거		현재	미래		기간	
일 日	그저께	어제	오늘	내일	모레	매일	며칠간
	おととい (一昨日)	きのう (昨日)	きょう (今日)	あした (明日)	あさって (明後日)	まいにち (毎日)	なんにちかん (何日間)
주 週	지지난 주	지난 주	이번 주	다음 주	다다음 주	매주	몇 주간
	せんせんしゅう (先々週)	せんしゅう (先週)	こんしゅう (今週)	らいしゅう (来週)	さらいしゅう (再来週)	まいしゅう (毎週)	なんしゅうかん (何週間)
월 月	지지난 달	지난 달	이번 달	다음 달	다다음 달	매달	몇 개월간
	せんせんげつ (先々月)	せんげつ (先月)	こんげつ (今月)	らいげつ (来月)	さらいげつ (再来月)	まいつき (毎月)	なんかげつかん (何ヵ月間)
년 年	재작년	작년	올해	내년	내후년	매년	몇 년간
	おととし (一昨年)	きょねん (去年) さくねん (昨年)	ことし (今年)	らいねん (来年)	さらいねん (再来年)	まいとし まいねん (毎年)	なんねんかん (何年間)

날짜			
1日	ついたち	17日	じゅうしちにち
2日	ふつか	18日	じゅうはちにち
3日	みっか	19日	じゅうくにち
4日	よっか	20日	はつか
5日	いつか	21日	にじゅういちにち
6日	むいか	22日	にじゅうににち
7日	なのか	23日	にじゅうさんにち
8日	ようか	24日	にじゅうよっか
9日	ここのか	25日	にじゅうごにち
10日	とおか	26日	にじゅうろくにち
11日	じゅういちにち	27日	にじゅうしちにち
12日	じゅうににち	28日	にじゅうはちにち
13日	じゅうさんにち	29日	にじゅうくにち
14日	じゅうよっか	30日	さんじゅうにち
15日	じゅうごにち	31日	さんじゅういちにち
16日	じゅうろくにち	何日	なんにち

	시(時)	분(分)	월(月)	개월(ヶ月)
1	いちじ	いっぷん	いちがつ	いっかげつ
2	にじ	にふん	にがつ	にかげつ
3	さんじ	さんぷん	さんがつ	さんかげつ
4	よじ	よんぷん よんふん	しがつ	よんかげつ
5	ごじ	ごふん	ごがつ	ごかげつ
6	ろくじ	ろっぷん	ろくがつ	ろっかげつ はんとし(半年)
7	しちじ	ななふん しちふん	しちがつ	ななかげつ しちかげつ
8	はちじ	はっぷん	はちがつ	はちかげつ
9	くじ	きゅうふん	くがつ	きゅうかげつ
10	じゅうじ	じゅっぷん じっぷん	じゅうがつ	じゅっかげつ
11	じゅういちじ	じゅういっぷん	じゅういちがつ	じゅういっかげつ
12	じゅうにじ	じゅうにふん	じゅうにがつ	じゅうにかげつ
?	なんじ	なんぷん	なんがつ	なんかげつ

조수사

	사람	물건	연령
1	1人　ひとり	1つ　ひとつ	1歳　いっさい
2	2人　ふたり	2つ　ふたつ	2歳　にさい
3	3人　さんにん	3つ　みっつ	3歳　さんさい
4	4人　よにん	4つ　よっつ	4歳　よんさい
5	5人　ごにん	5つ　いつつ	5歳　ごさい
6	6人　ろくにん	6つ　むっつ	6歳　ろくさい
7	7人　しちにん	7つ　ななつ	7歳　ななさい
8	8人　ななにん はちにん	8つ　やっつ	8歳　はっさい
9	9人　きゅうにん	9つ　ここのつ	9歳　きゅうさい
10	10人　じゅうにん	10　とお	10歳　じゅっさい じっさい
?	何人　なんにん	幾つ　いくつ	何歳　なんさい

	자동차, 컴퓨터	순서	책
1	1台　いちだい	1番　いちばん	1冊　いっさつ
2	2台　にだい	2番　にばん	2冊　にさつ
3	3台　さんだい	3番　さんばん	3冊　さんさつ
4	4台　よんだい	4番　よんばん/よばん	4冊　よんさつ
5	5台　ごだい	5番　ごばん	5冊　ごさつ
6	6台　ろくだい	6番　ろくばん	6冊　ろくさつ
7	7台　ななだい	7番　ななばん	7冊　ななさつ
8	8台　はちだい	8番　はちばん	8冊　はっさつ
9	9台　きゅうだい	9番　きゅうばん	9冊　きゅうさつ
10	10台　じゅうだい	10番　じゅうばん	10冊　じゅっさつ じっさつ
?	何台　なんだい	何番　なんばん	何冊　なんさつ

	가늘고 긴 것 (예: 필기구, 펜)	작은 것 (예: 사과, 밤)	얇고 넓적한 것 (예: 종이류, 접시)
1	1本　いっぽん	1個　いっこ	1枚　いちまい
2	2本　にほん	2個　にこ	2枚　にまい
3	3本　さんぼん	3個　さんこ	3枚　さんまい
4	4本　よんほん	4個　よんこ	4枚　よんまい
5	5本　ごほん	5個　ごこ	5枚　ごまい
6	6本　ろっぽん	6個　ろっこ	6枚　ろくまい
7	7本　ななほん	7個　ななこ	7枚　ななまい
8	8本　はっぽん	8個　はっこ	8枚　はちまい
9	9本　きゅうほん	9個　きゅうこ	9枚　きゅうまい
10	10本　じゅっぽん じっぽん	10個　じゅっこ じっこ	10枚　じゅうまい
?	何本　なんぼん	何個　なんこ	何枚　なんまい

친족의 명칭

친족명	낮춤말(겸양어)		높임말(존대어)	
	예: わたしの~ 저의~		예: あなたの~ 댁의~ 당신의~	
아버지	ちち	(父)	おとうさん	(お父さん)
어머니	はは	(母)	おかあさん	(お母さん)
양친	りょうしん	(両親)	ごりょうしん	(ご両親)
남편, 주인	しゅじん おっと	(主人) (夫)	ごしゅじん	(ご主人)
아내, 부인	かない つま	(家内) (妻)	おくさん	(奥さん)
형, 오빠	あに	(兄)	おにいさん	(お兄さん)
누이, 언니	あね	(姉)	おねえさん	(お姉さん)
남동생	おとうと	(弟)	おとうとさん	(弟さん)
여동생	いもうと	(妹)	いもうとさん	(妹さん)
형제	きょうだい	(兄弟)	ごきょうだい	(ご兄弟)
아들	むすこ	(息子)	むすこさん	(息子さん)
딸	むすめ	(娘)	むすめさん	(娘さん)
할아버지	そふ	(祖父)	おじいさん	(お祖父さん)
할머니	そぼ	(祖母)	おばあさん	(お祖母さん)
아저씨	おじ	(伯父/叔父)	おじさん	(伯父さん/叔父さん)
아주머니	おば	(伯母/叔母)	おばさん	(伯母さん/叔母さん)
조카(남자)	おい	(甥)	おいごさん	(甥ごさん)
조카(딸)	めい	(姪)	めいごさん	(姪ごさん)
사촌(종형제)	いとこ	(従兄弟)	いとこのかた	(従兄の方)
친척	しんせき しんるい	(親戚) (親類)	ごしんせき ごしんるい	(ご親戚) (ご親類)
가족	かぞく	(家族)	ごかぞく	(ご家族)

찾아보기

[あ]

あいあいがさ(相合い傘) 우산을 그리고 그 밑에 남녀의 이름을 써서 놀리는 낙서
あいさつ(挨拶) 인사
あおいろ(青色) 푸른색
あかいろ(赤色) 붉은색
あかちゃん(赤ちゃん) 갓난아기
あきかん(空き缶) 빈 깡통
あく(空く) (공간이) 비다
あくまで(飽く迄) 어디까지
あけがた(明け方) 새벽녘, 동틀 무렵
あける(開ける) 열다
あさばん(朝晩) 아침저녁
あしおと(足音) 발소리
あじつけ(味付け) 양념
あしもと(足下) 발밑, 주변
あせ(汗) 땀
あせる(焦る) 초조해 하다
あたらしい(新しい) 새롭다
あつまる(集まる) 모이다, 모여들다
あな(穴) 구멍
あまやどり(雨宿り) 비를 피함
あむ(編む) 뜨다, 짜다
あんしんだ(安心だ) 안심하다
あんない(案内) 안내

[い]

いがい(以外) 이외, 그 밖
いざかや(居酒屋) 선술집
いたい(痛い) 아프다
いちおう(一応) 일단, 우선은
いちにちじゅう(一日中) 하루 종일
いっしょうけんめいだ(一生懸命だ) 열심히 하다
いったい(一体) 도대체
いはん(違反) 위반
いみ(意味) 의미
いる(要る) 필요하다

[う]

うちあげ(打ち上げ) 뒤풀이
うまい(旨い) 맛있다, 잘 하다
うら(裏) 뒤, (옷의) 안
うるさい(煩い) 시끄럽다, 귀찮다
うれしい(嬉しい) 기쁘다
うわぎ(上着) 상의, 윗도리
うんてん(運転) 운전

[え]

えいぎょうちゅう(営業中) 영업 중
えきまえ(駅前) 역 앞
えらぶ(選ぶ) 고르다
えんげき(演劇) 연극
えんそう(演奏) 연주
えんやす(円安) 엔저
えんりょ(遠慮) 조심함, 삼감

[お]

おいしい(美味しい)	맛있다
おおさわぎ(大騒ぎ)	대소동, 큰 소란
おおや(大家)	집주인
おかし(お菓子)	과자
おくれる(遅れる)	늦다, 지각하다
おこる(怒る)	성내다
おしゃべり(お喋り)	수다
おちゃかい(お茶会)	차 마시는 모임
おとしだま(お年玉)	세뱃돈
おどる(踊る)	춤추다
おなか(お腹)	배
おぼえる(覚える)	기억하다, 익히다
おみやげ(お土産)	선물
おもいきる(思い切る)	단념하다, 각오하다
おもいだす(思い出す)	생각나다
おもてさんどう(表参道)	오모테산도 (동경의 지명)
おりたたむ(折り畳む)	접어 개다
おわる(終わる)	끝나다
おんせん(温泉)	온천

[か]

かいかん(会館)	회관
がいこくじん(外国人)	외국인
がいぶ(外部)	외부
かえす(返す)	돌려주다
かえる(替える)	바꾸다, 교체하다
かかく(価格)	가격
かぎ(鍵)	열쇠
がくえんさい(学園祭)	학교 축제
かくにん(確認)	확인
かこむ(囲む)	둘러싸다
かざる(飾る)	꾸미다, 장식하다
かす(貸す)	빌려주다
かぜ(風邪)	감기
かぜぐすり(風邪薬)	감기약
がぞう(画像)	화상(텔레비전의 영상)
かたい(硬い)	단단하다
かちょう(課長)	과장
がっき(楽器)	악기
かっこく(各国)	각국
がっしゅく(合宿)	합숙
かなう(叶う)	이루어지다, 들어맞다
かならず(必ず)	반드시
かぶき(歌舞伎)	가부키
かまう(構う)	마음을 쓰다
かむ(噛む)	씹다, 물다
カラー(color)	색상
からい(辛い)	맵다, 짜다
かりる(借りる)	빌리다
かんきょう(環境)	환경
かんこう(観光)	관광
かんこうきゃく(観光客)	관광객
かんじ(漢字)	한자
かんしゃ(感謝)	감사
かんせい(完成)	완성
かんたんだ(簡単だ)	간단하다, 쉽다
がんばる(頑張る)	분발하다

[き]

きえる(消える)	사라지다
きかい(機会)	기회
きかた(着方)	입는 방법
きくばり(気配り)	배려
きせき(奇跡)	기적
きたない(汚い)	더럽다, 천하다

きづく(気付く) 눈치채다, 알아차리다
キッチン 주방
きっぷ(切符) 표, 입장권
きない(機内) 기내
きにゅう(記入) 기입
きのう(機能) 기능
きぼう(希望) 희망
ぎむか(義務化) 의무화
キムチチゲ 김치찌개
きもの(着物) 기모노(일본 전통의상)
キャップ (cap) 뚜껑
きゅうがく(休学) 휴학
きゅうじつ(休日) 휴일
きゅうよう(急用) 급한 용무
きょうしつ(教室) 교실
きょうだい(兄弟) 형제
きょうと(京都) 교토(일본의 지명)
きょうりょく(協力) 협력
きらいだ(嫌いだ) 싫어하다, 꺼리다
ぎんこう(銀行) 은행
きんちょう(緊張) 긴장

[く]

くず(屑) 부스러기, 쓰레기
くずれる(崩れる) 무너지다, 흐트러지다
くだりざか(下り坂) 내리막
くらべる(比べる) 비교하다
ぐんたい(軍隊) 군대

[け]

けいえいがく(経営学) 경영학
けいかく(計画) 계획
けいさん(計算) 계산
けいたい(携帯) 휴대(전화)
けいやく(契約) 계약
けが(怪我) 부상
けしき(景色) 경치, 풍경
げた(下駄) 일본 나막신
けっこん(結婚) 결혼
げんいん(原因) 원인
げんこう(原稿) 원고
けんさ(検査) 검사
けんとう(検討) 검토
げんば(現場) 현장

[こ]

ごうかく(合格) 합격
こうじちゅう(工事中) 공사 중
こうつう(交通) 교통
こうどう(行動) 행동
こうばしい(香ばしい) 향기롭다, 구수하다
こうひょう(好評) 호평
こうむいん(公務員) 공무원
こうらくえん(後楽園) 고라쿠엔 (동경에 있는 정원)
こがた(小型) 소형
こくさい(国際) 국제
こくはく(告白) 고백
こくばん(黒板) 흑판, 칠판
こし(古紙) 못 쓰게 된 종이
こじん(個人) 개인
ごぜんちゅう(午前中) 오전 중
こづかい(小遣い) 용돈
こてん(古典) 고전
ことし(今年) 올해, 금년
ことなる(異る) 다르다
ことば(言葉) 말, 언어, 말씨

コミュニケーション 의사소통
こむ(混む) 붐비다
こゆうめいし(固有名詞) 고유명사
コンパ(company) 친목회, 다과회

[さ]

ざいがくちゅう(在学中) 재학 중
さいきん(最近) 요즈음, 근래
さいご(最後) 최후, 마지막
さき(先) 행선지, 끝, 앞
さくひん(作品) 작품
さくや(昨夜) 어젯밤
さしこむ(差し込む) 꽂다
さす(差す) (우산을) 쓰다
さそう(誘う) 권유하다
さる(猿) 원숭이
さんか(参加) 참가
さんこう(参考) 참고
ざんしょ(残暑) 늦더위
ざんねんだ(残念だ) 아쉽다, 유감스럽다
さんぽ(散歩) 산책

[し]

しききん(敷金) 보증금
しけん(試験) 시험
じさ(時差) 시차
ししょう(支障) 지장
じじょう(事情) 사정
しずかだ(静かだ) 조용하다
しだい(次第) ~하는 대로, ~되는 대로
したく(支度) 준비, 채비
じっか(実家) 친정, 고향
じっさい(実際) 실제
してい(指定) 지정
じてんしゃ(自転車) 자전거
しばふ(芝生) 잔디
しはらう(支払う) 지불하다
しばる(縛る) 묶다
しぶや(渋谷) 시부야(동경의 지명)
じむしつ(事務室) 사무실
しめきり(締め切り) 마감
しめきる(締め切る) 마감하다
しゃしん(写真) 사진
しゃちょう(社長) 사장
じゃま(邪魔) 방해, 장애
しゃみせん(三味線) 샤미센(일본 전통 악기)
シャワー 샤워
しゅうかつ(就活) 구직활동
しゅうごうじゅうたく(集合住宅) 공동주택
しゅうちゅう(集中) 집중
しゅうでん(終電) 마지막 전차
しゅうへん(周辺) 주변
しゅうり(修理) 수리
しゅくだい(宿題) 숙제
じゅじゅ(授受) 수수(주고받음)
しゅっせき(出席) 출석
しゅみ(趣味) 취미
しゅるい(種類) 종류
じゅんび(準備) 준비
じゅんびちゅう(準備中) 준비 중
しょうせつ(小説) 소설
しょうたい(招待) 초대
しょうめい(証明) 증명
しょうゆ(醤油) 간장
しょうらい(将来) 장래, 미래
しょき(初期) 초기
ジョギング 조깅
しょくじ(食事) 식사

しょくせいかつ(食生活)	식생활
しょくどう(食堂)	식당
しょくよく(食欲)	식욕
ショップ(shop)	상점
しょるい(書類)	서류
シール (seal)	스티커
しらべる(調べる)	조사하다, 찾다
しりょう(資料)	자료
しんこくだ(深刻だ)	심각하다
じんせい(人生)	인생
しんせき(親戚)	친척
しんせつだ(親切だ)	친절하다
シンプル(simple)	단순함, 심플함
じんぶんかがく(人文科学)	인문과학
じんめい(人名)	인명

[す]

すいせん(推薦)	추천
すいどうばし(水道橋)	스이도바시 (동경의 지명)
すう(吸う)	빨아들이다
すし(寿司)	초밥
すすぐ(濯ぐ)	헹구다
すずしい(涼しい)	시원하다
すすめる(勧める)	권하다
すむ(済む)	끝나다

[せ]

せいかつ(生活)	생활
せいしょ(聖書)	성서
せかいじゅう(世界中)	전세계
せき(咳)	기침
ぜったい(絶対)	절대
せまい(狭い)	좁다
ぜんいん(全員)	전원
せんげつ(先月)	지난달
せんたくき(洗濯機)	세탁기
せんもん(専門)	전문

[そ]

そうおん(騒音)	소음
そうきん(送金)	송금
そうこう(走行)	주행
そうじ(掃除)	청소
そうじき(掃除機)	청소기
そうしん(送信)	송신
そうだん(相談)	상담, 의논
そうとう(相当)	상당
そつぎょう(卒業)	졸업
そろえる(揃える)	가지런히 하다, 갖추다
そんけい(尊敬)	존경
ぞんぶん(存分)	실컷, 충분히

[た]

たいかい(大会)	대회
たいけん(体験)	체험
たいざい(滞在)	체재, 체류
だいすきだ(大好きだ)	매우 좋아하다
たいちょう(体調)	몸의 상태
だいぶ(大分)	꽤, 많이
たいらだ(平らだ)	평평하다
たおれる(倒れる)	넘어지다
たけしたどおり(竹下通り)	다케시타 도리 (동경의 지명)
たす(足す)	더하다, 보태다
たすかる(助かる)	도움이 되다.
ただいま(只今)	지금, 방금

たてもの(建物)	건물
たのむ(頼む)	부탁하다, 의지하다
ためす(試す)	시험해 보다
だるい(怠い)	나른하다
たんご(単語)	단어
たんこうぼん(単行本)	단행본
だんボール(段ボール)	골판지

[ち]

ちず(地図)	지도
ちめい(地名)	지명
ちゃくよう(着用)	착용
ちゅうい(注意)	주의
ちゅうどく(中毒)	중독
ちゅうもん(注文)	주문
ちょうし(調子)	상태, 컨디션
ちょうしょく(朝食)	조식(아침식사)
ちょうへい(徴兵)	징병
チラシ	전단지

[つ]

つかいきる(使い切る)	다 쓰다
つくる(作る)	만들다
つごう(都合)	형편, 사정
つとめる(努める)	노력하다
つぶす(潰す)	찌그러뜨리다
つめたい(冷たい)	차갑다
つゆ(梅雨)	장마

[て]

てきにんだ(適任だ)	적합하다
できる(出来る)	가능하다, 생기다
てづくり(手作り)	수제, 손수 만듦
てんいん(店員)	점원
てんきよほう(天気予報)	일기예보
でんし(電子)	전자
でんわ(電話)	전화

[と]

とうきゅうプラザ(東急プラザ)	도큐 프라자 (동경의 지명)
とうきょう(東京)	동경(일본의 지명)
どうし(動詞)	동사
とうじつ(当日)	당일
とうちゃく(到着)	도착
とうろく(登録)	등록
とえい(都営)	도에이(동경도에서 운영하는 전철)
とくいさき(得意先)	단골집, 단골손님
とつぜん(突然)	갑자기
とどける(届ける)	배송하다, 신고하다
ともだち(友達)	친구
とりはずす(取り外す)	떼어내다
とりひきさき(取引先)	거래처
どりょくぎむ(努力義務)	노력의무
とる(撮る)	사진을 찍다

[な]

なおす(直す)	고치다
なく(泣く)	울다
なくす(無くす)	분실하다, 없애다
なくなる(亡くなる)	돌아가시다
なごや(名古屋)	나고야(일본의 지명)
なっとう(納豆)	낫토
なまえんそう(生演奏)	라이브 연주
なまゴミ(生ゴミ)	음식물 쓰레기
なまたまご(生卵)	날달걀, 생계란

[に]

[ぬ]

[ね]

[の]

[は]

[ひ]

ひも(紐) 끈
ひやす(冷やす) 차게하다, 진정시키다
ひよう(費用) 비용
ひろびろ(広々) 널찍한 모양

[ふ]

ふえる(増える) 증가하다
ふくろ(袋) 봉지
ふじさん(富士山) 후지산
ぶじだ(無事だ) 무사하다
ふだん(普段) 평소
ふたん(負担) 부담
ぶちょう(部長) 부장
ふつう(普通) 보통, 대개
ぶっか(物価) 물가
ぶよう(舞踊) 무용, 춤
プラン(plan) 계획, 구상
ふんいき(雰囲気) 분위기
ぶんべつ(分別) 분별, 분류

[へ]

へいえき(兵役) 병역
ペコペコ 배고픈 모양
ペットボトル 페트병
へらす(減らす) 줄이다

[ほ]

ぼうはん(防犯) 방범
ほけんしょう(保険証) 보험증
ほごしゃ(保護者) 보호자
ほし(星) 별
ほっかいどう(北海道) 홋카이도(일본의 지명)
ほめる(誉める) 칭찬하다
ぼんおどり(盆踊り) 음력 7월 15일 밤에 남녀 노소가 모여 추는 춤
ほんき(本気) 진지한 마음, 본심
ほんたい(本体) 본체
ボンベ 봄베(가스 등이 담긴 원통 용기)
ほんやく(翻訳) 번역

[ま]

まかせる(任せる) 맡기다
まける(負ける) 지다, 패하다
まち(街) 거리
まちどおしい(待ち遠しい) 몹시 기다려지다
マニュアル 매뉴얼, 안내서
まもる(守る) 지키다
まんいん(満員) 만원

[み]

みかける(見掛る) 가끔 보다
みぎがわ(右側) 오른 쪽
みごとだ(見事だ) 훌륭하다, 멋지다
みずうみ(湖) 호수
みずきり(水切り) 물기제거
みそしる(味噌汁) 된장국
みたせん(三田線) 미타센(동경의 전철노선)
みなみむき(南向き) 남향
みる(観る) 보다

[む]

むかえる(迎える) 맞이하다
むすめ(娘) 딸

[め]

めいじじんぐう(明治神宮) 동경에 있는 신사
めいわく(迷惑) 폐
めぐりあう(巡り合う) 우연히 만나다
めざす(目指す) 목표로 하다
めしあがる(召し上がる) 드시다

[も]

もえる(燃える) 타다
もじ(文字) 글자, 문자
もどる(戻る) 되돌아오(가)다

[や]

やきにくや(焼き肉屋) 불고기 집
やくそく(約束) 약속
やけい(夜景) 야경
やさい(野菜) 야채
やちん(家賃) 집세
やめる(止める) 끊다, 그만두다
やめる(辞める) 그만두다, 사직하다

[ゆ]

ゆうがた(夕方) 저녁때
ゆうき(勇気) 용기
ゆうべ(夕べ) 저녁(때)
ゆるす(許す) 허락하다

[よ]

よあけ(夜明け) 새벽(녘)
ようい(用意) 준비
ようき(容器) 용기, 그릇
ようきゅう(要求) 요구
ようじ(用事) 용무, 볼일
ようじ(幼児) 초등학교 입학 전까지의 어린이
ようしょく(洋食) 양식
ようやく(漸く) 겨우, 점차로
ようやく(要約) 요약
よやく(予約) 예약
よよぎ(代々木) 요요기(동경의 지명)
よろこんで(喜んで) 기꺼이

[ら]

ラグビー 럭비

[り]

りかい(理解) 이해
リサイクル 재활용
りゅうがく(留学) 유학
りよう(利用) 이용
りょうかい(了解) 이해하고 인정함
りょうしん(両親) 양친
りょうり(料理) 요리
りょこうさき(旅行先) 여행지

[れ]

れいきん(礼金) 사례금
れいぞうこ(冷蔵庫) 냉장고
れんしゅう(練習) 연습
れんめい(連盟) 연맹
れんらく(連絡) 연락

[わ]

わ(輪) 원형
わかて(若手) 한창 나이의 젊은이
わしょく(和食) 일식
われる(割れる) 깨지다